Fire TV 2018

Das ultimative Handbuch für Fire TV und Fire TV Stick. Die Geräte, die Technik und wie man sie benutzt.

Steven Sand

Inhaltsverzeichnis

Was ist das Fire TV?

Die Fernsehwelt hat sich entwickelt. Die ursprüngliche Handvoll an Kanälen ist einer kaum noch überschaubaren Anzahl an Sendern, Streaminganbietern und anderen Möglichkeiten, seinen Fernseher zu benutzen, gewichen. Das klassische Fernsehen war gestern. Heute schaut man eben mal auf dem einen Sender vorbei, dann streamt man einen Film und dann spielt man entweder das Spiel direkt auf dem Fernseher oder über eine Konsole. Wer da noch mithalten will, der muss aufrüsten. Damit das Aufrüsten Sinn macht, muss es mindestens die gleiche Auswahl oder, besser, noch mehr davon bieten und vor allem muss die Bedienung dabei erleichtert werden. Wer sich das alles wünscht, eine leichtere Bedienung bei einer größeren Auswahl an Möglichkeiten, der liegt mit dem Fire TV genau richtig.

Das Fire TV bietet nicht einfach nur mehr, es bietet sehr viel mehr. Dies beginnt mit seiner Optimierung auf 4K Ultra HD und HDR. HD war einmal die Revolution. Die dereinst leicht verschwommenen oder zumindest nicht so detailreichen Bilder wurden durch das HD weggewischt. Damit konnte der Grad des Realismus gewaltig erhöht werden. Dies wiederum konnte und wurde gesteigert, bis zum heutigen HDR und 4K Ultra HD. Eine breitere Palette an Farben, eine viel bessere Auflösung und schon sieht man die Bilder im Fernsehen mit der gleichen Qualität, mit der das eigene Auge die Umgebung wahrnimmt.

Das Gefühl der Lebensechtheit kommt aber nicht nur einfach vom Bild. Obwohl die Bildwahrnehmung eine der wichtigsten Wahrnehmungen ist, gehört zu einem echten dreidimensionalen Erlebnis auch ein entsprechender 3D-Sound. Auch dafür sorgt das Fire

TV. Dank dem Dolby Atmos Audio, kann der Sound so dargestellt werden, wie es den Bildern entspricht. Man bekommt das Gefühl, nicht einfach nur ein Zuschauer zu sein, sondern sich direkt und mitten im Geschehen zu befinden. Damit man dieses Gefühl aber auch wirklich erleben kann, braucht man noch ein Audiosystem, welches diese Soundausgabe auch verarbeiten und darstellen kann.

Neben dem Bild und dem Ton der Wiedergabe geht es bei einem Fernseher auch um die Eingabe. Das, was der Fernseher zeigen soll, muss diesem erst zugespielt werden. In der Anfangszeit des TVs waren das noch das erste und das zweite Programm. Mit dem Fire TV sind es tatsächlich mehr als 7.000 Sender, auf die man zugreifen kann. Darunter befinden sich natürlich auch die Klassiker, wie ARD, ZDF, ProSieben usw.

Neben den Klassikern kann man aber auch auf andere Möglichkeiten zurückgreifen. Damit kann man, anstatt dem Programm eines Anderen zu folgen, sein eigenes Programm gestalten. Man kann, so man dies wünscht, jeden Tag zu einem Kinotag daheim machen. Dazu gibt es verschiedene Anbieter.

Der erste und bekannteste Service ist YouTube. Dort kann man kostenlos Filme sehen. Diese reichen von lustigen und skurrilen Eigenproduktionen bis hin zu legalen Kopien bestimmter Filme. Ebenso findet man dort so ziemlich jedes Musikvideo, das irgendwann einmal veröffentlich wurde. Man kann sogar die Qualität der Videos einstellen und so zwischen der Ausnutzung der Bandbreite und der Qualität des Bildes seine eigenen Vorlieben auswählen.

Wem die Filme von YouTube nicht genug sind, was verständlich ist, denn dort findet man eben nur für das kostenlose Ansehen freigegebene Inhalte, der kann sich für einen der vielen Streaminganbieter entscheiden. Darunter befindet sich der größte des Marktes, Netflix und dessen größter Konkurrent, Prime Video. Beide Anbieter sind für einen kleinen Betrag monatlich erhältlich. Dort kann man sich komplette Serien anschauen, großartige Filme in das Wohnzimmer bringen oder, zumindest für Prime Video, weitere TV-Kanäle abonnieren.

Neben dem Streamen von Filmen kann man selbstverständlich auch Musik streamen. Die Benutzung der Dienste von TuneIn, Spotify und Amazon Music sind kein Problem.

Das Fire TV bringt all diese Kanäle und all diese Film- bzw. Musikdienste in das Fernsehen, ohne dafür eine Satellitenschüssel oder einen Kabelanschluss zu benötigen. Alles, was man braucht, sind das Fire TV und eine Verbindung zum Internet.

Wem das noch immer nicht genügt, kein Problem, das Fire TV ist nämlich noch lange nicht am Ende. Standardmäßig kommt das Fire TV mit Alexa. Alexa ist eine besondere App, die das Gehirn des Fire TV darstellt. Diese App kann fast alles und das, was sie nicht kann, kann sie jederzeit über die sogenannten Skills dazulernen.

Mit Alexa kann man ganz einfach ein Restaurant in der Nähe finden. Man muss die App einfach nur fragen und sie wird antworten. Will man nicht in das Restaurant gehen, dann kann man sich per Alexa auch das Essen, zum Beispiel eine Pizza, bestellen.

Neben Essen kann Alexa auch mit allen Smart-Home-Geräten behilflich sein. Sie kann sich mit ihnen verbinden und sie je nach Wunsch steuern. Dazu geht Alexa direkt über das Netzwerk vor und greift auf die Funktionen der Smart-Home-Geräte zu. So kann man per Alexa die Webkamera steuern, Lampen ein- und ausschalten, die Temperatur über den Thermostat steuern oder den Wecker einstellen.

Alexa kann auch mit Informationen dienen. Fragt man sie nach dem Wetter, dann liest sie den neuesten Wetterbericht vor. Dieser kann für die eigene Region sein oder für jede Region, die man sich wünscht. Das Gleiche gilt für die Nachrichten. Eine Anfrage und schon liefert Alexa die neuesten Schlagzeilen.

Wenn man sich dies so anschaut, dann klingt das alles auch gleich mal noch sehr kompliziert. Wahrscheinlich stellt sich jeder jetzt die Fernbedienung des Fire TV so groß wie ein Tablet vor, damit man alle Funktionen einbauen kann oder die Anwendung strotzt nur so von Menüs und Untermenüs. Die einfache Bedienung ist aber ein wesentliches Element, wenn man sich in der heutigen Angebotsvielfalt noch zurechtfinden möchte. Alexa hilft auch hier. Mit dieser App braucht man keine umständlichen Fernbedienungen oder Menüs. Alex hört, was man sagt, kann es verarbeiten und entsprechend reagieren. Anders ausgedrückt, man spricht über Alexa mit dem Fire TV. Das ist die einfachste Bedienung der Welt.

Wenn man mit Alexa sprechen will, drückt man einfach auf den Knopf für das Mikrofon auf der Fernbedienung. Dann sagt man ihr, was man will oder fragt nach dem, was man wissen möchte. „Alexa, suche nach Komödien." Damit teilt man Alexa mit, dass man Komödien finden möchte und Alexa wird sofort eine Auswahl an lustigen Filmen zeigen. Will man auf Netflix einen Film anschauen, dann drückt man den Knopf mit dem Mikrofon und sagt einfach: „Alexa, starte Netflix."

Nun werden einige wahrscheinlich stöhnen, wenn sie sich vorstellen, wie kompliziert das Anschließen des Fire TV sein muss. Doch auch hier braucht man sich keine Sorgen zu machen. Alles, was man braucht, ist ein WLAN oder Ethernet und einen HD-Fernseher mit HDMI-Anschluss. Das Fire TV steckt man in den Anschluss und verbindet es über das WLAN oder Ethernet mit dem Netzwerk. Von hier geht alles Weitere fast wie von allein. Es dauert nur wenige Minuten und schon hat sich das Amazon Fire TV selbst eingerichtet und das Fernsehvergnügen kann beginnen.

Was ist der Fire TV Stick?

Das Fire TV ist eine gute Erweiterung für den heimischen Fernseher, dennoch geht es mitunter dem einen oder anderen zu weit. Das kann an der Größe des Gerätes, an der Menge der Funktionen oder schlicht am Preis liegen. Wer es gern einfacher und kleiner mag, der kann sich ein Fire TV in der Größe eines USB-Sticks kaufen, den sogenannten Fire TV Stick.

Der Fire TV Stick ist die neueste Generation der Fire TV Aufrüstungen für den heimischen Fernseher. Es handelt sich dabei um leistungsstärksten Mediastick für das Streaming von Filmen und von Musik. Ähnlich dem Fire TV, so funktioniert auch der Fire TV Stick mit Alexa und mit einer Sprachsteuerung. Damit bietet auch der Fire TV Stick die einfache Bedienung, die man heute angesichts der Medienvielfalt so dringend braucht. Damit die Sprachbedienung und das Streaming auch wirklich Spaß macht, kommt der Fire TV Stick mit der schnellsten WLAN-Anbindung und der genauesten Spracherkennung bzw. -suche. Damit findet man garantiert das, wonach man sucht und das auch noch sehr schnell. Die Qualität der Videos wird es einem danken.

Um den Fire TV Stick entsprechend zu nutzen, braucht man nur wenige Schritte. Als Erstes muss der Fire TV Stick in einen HD-Fernseher eingesteckt werden, dann kommt noch der Anschluss an das Stromnetz und ein vorhandenes WLAN. Den Rest macht der Fire TV Stick allein. Schon nach wenigen Minuten kann man damit seine Lieblingsfilme oder seine Lieblingsmusik streamen.

Der Fire TV Stick arbeitet mit einem Quad-Core-Prozessor. Damit bringt er die nötige Geschwindigkeit, um die Fernsehbilder auch wirklich auf der höchsten Auflösung und in der besten Qualität zu liefern. Damit aber nicht genug. Auch der Arbeitsspeicher fällt mit 1 GB groß genug aus, um hochqualitativen Fernsehgenuss ebenso wie ein flüssiges Arbeiten der Apps zu gewährleisten. Dazu kommt noch ein Speicherplatz von 8 GB. Damit lassen sich Filme aufzeichnen bzw. speichern, die dann später, zum Beispiel unterwegs in einem Hotel, wiedergegeben werden können.

Die Steuerung ist einfach und intuitiv und der Inhalt ist einfach überwältigend. Man hat über den Fire TV Stick Zugriff auf mehr als 5.000 Apps, welche Spiele und Skills für Alexa mit einschließen. Dazu kommen Streamingdienste wie Netflix, Amazon Video und Prime Video. Ebenso kann man über die Mediatheken von ARD, ZDF und anderen Sendern seine Lieblingsshows aussuchen. YouTube, ARTE und andere Dienste kommen noch dazu. Alles das kann man ohne einen Receiver, ohne eine Satellitenschüssel und ohne einen Kabelanschluss erleben. Man braucht nur einen Internetzugang über ein WLAN.

Mit dem Fire TV Stick kann man sich einfach auf seinem Sofa zurücklehnen und seine Lieblingsserie über Netflix oder einem anderen Streaminganbieter einfach von der ersten bis zur letzten Folge anschauen. Natürlich gehört ein solcher Marathon gut vorbereitet, aber auch dabei hilft der Fire TV Stick. Dank Alexa kann man einfach sein Essen, zum Beispiel eine Pizza, zu sich nach Hause kommen lassen oder man kann seine Freunde informieren, dass man nicht gestört werden möchte. Selbst seine Smart-Home-Geräte kann man über Alexa und

Spracheingabe bedienen. Man braucht also nicht einmal aufzustehen, um seinen Thermostat zu bedienen.

Der Fire TV Stick ist praktisch eine abgespeckte Version des Fire TV. Als solche gibt es natürlich eine Menge Gemeinsamkeiten aber auch Unterschiede zwischen beiden Geräten. So bringen beide Geräte HD-Qualität. Mit dem Fire TV ist dies jedoch 4K Ultra HD 60 BpS. Der Fire TV Stick bringt „nur" 1080p HD bei 60 BpS. Die HDR10-Unterstützung ist beim Fire TV vorhanden, aber sie fehlt beim Fire TV Stick. Beide kommen mit Alexa, aber der Fire TV Stick bringt nur 1,3 GHz als Rechenleistung, während der Fire TV mit 1,5 GHz aufwartet. Beide Geräte verfügen über einen Speicher von 8 GB, doch der Fire TV glänzt mit 2 GB Arbeitsspeicher gegenüber dem 1 GB des Fire TV Stick. Auch die Audioausgabe ist unterschiedlich. Der Fire TV Stick verfügt über Dolby Audio, während der Fire TV Dolby Atmos liefert. Beide Geräte können mit einem Ethernet über einen Adapter verbunden werden.

Wenn man das so liest, da fällt die Wahl schwer. Wer sich nicht entscheiden kann, welches der beiden Geräte das Richtige für ihn ist, sollte vor allem auf zwei Dinge abstellen. Der Fire TV Stick ist kleiner und leichter und damit einfacher zu transportieren. Wer also viel auf Reisen ist und unterwegs auf sein Fire TV nicht verzichten kann, der ist mit dem Stick besser bedient. Wer nicht viel reist oder unterwegs auf seinen Fire TV verzichten kann, ist aber nicht automatisch mit dem Fire TV besser bedient. Damit man dessen größere Leistung auch wirklich ausnutzen kann, braucht man einen entsprechenden Fernseher, der 4K Ultra HD 60 BpS und HDR10 auch wirklich darstellen kann. Ebenso sollte ein Soundsystem vorhanden sein, welches über eine Dolby-

Atmos-Wiedergabe verfügt. Ist eines oder beides nicht vorhanden, also der Fernseher und / oder das Soundsystem spielt in Sachen Wiedergabe nicht mit, kann man sein Geld sparen und getrost auf den Amazon Fire TV Stick setzen. Wer über die benötigten Geräte verfügt und sich dazu auch noch einer entsprechend schnellen Internetverbindung erfreut, der kann auf das Amazon Fire TV setzen.

Das Amazon Fire TV einrichten

Ist das Amazon Fire TV bestellt und geliefert, dann kommt der Schritt, der den meisten Nutzern die größte Angst einjagt, das Amazon Fire TV muss angeschlossen und eingerichtet werden. Die Einrichtung bzw. der Anschluss ist jedoch kinderleicht. Das Amazon Fire TV nimmt einem dabei eine Menge Arbeit ab, sodass sich das meiste von allein erledigt.

Damit man das Amazon Fire TV überhaupt benutzen kann, muss man über einige Geräte verfügen, die nicht direkt im Lieferumfang enthalten sind. Es ist besser, diese schon im Vorhinein zu kaufen, damit man bei der Lieferung nicht erst noch lange nach den Geräten suchen oder vielleicht sogar noch auf deren Lieferung warten muss.

Ein Amazon Fire TV bringt TV-Genuss in HD und Ultra HD. Dementsprechend muss zuerst einmal ein solcher Fernseher vorhanden sein. Des Weiteren wird das Amazon Fire TV über ein HDMI-Kabel verbunden. Der Fernseher, den man verwenden möchte, braucht also einen Port für HDMI. Dieser Port sieht aus wie ein etwas breiterer USB-Port und befindet sich an einem Fernseher normalerweise auf der Rückseite oder an einer der Seiten.

Verfügt der Fernseher über HD oder Ultra HD und einen HDMI-Port, dann braucht man noch ein Kabel, um das Amazon Fire TV über diesen Port mit dem Fernseher zu verbinden. Das Kabel ist ebenfalls nicht im Lieferumfang enthalten und sollte bereits im Vorhinein gekauft werden. Wer sich bei der Auswahl des Kabels unsicher fühlt, der sagt einfach einem der Mitarbeiter in einem Elektronikgeschäft, dass er ein HDMI A Male zu Male Kabel benötigt. Die Verkäufer werden dann sehr schnell das passende Kabel heraussuchen. Eine Ausnahme macht hier jedoch das Amazon Fire TV der dritten Generation. Dieses Gerät kommt von Haus aus mit einem integrierten HDMI-Kabel. In diesem Fall entfällt also das Erfordernis, erst noch ein solches Kabel zu kaufen.

Zum Streamen der Filme und Musik, zum Herunterladen und Verwenden der Apps, zum Funktionieren von Alexa und für alle anderen Funktionen wird eine Internetverbindung gebraucht. Diese kann über ein WLAN oder ein Ethernet hergestellt werden. Wer ein Fire TV der dritten Generation verwendet, braucht für das Ethernet einen Ethernetadapter, der ebenfalls separat gekauft werden muss.

Als Nächstes braucht man für ein Funktionieren des Gerätes eine Anmeldung auf Amazon und ein Konto. Verfügt man noch nicht über ein derartiges Konto, dann muss es vor einer Verwendung des Amazon Fire TVs eingerichtet werden. Die Option zum Einloggen auf ein bestehendes Amazonkonto bzw. die Erstellung eines solchen Kontos wird automatisch beim ersten Einschalten des Fire TVs angezeigt. Damit man das Konto auch zum Bestellen von Produkten und vor allem von Filmen und Serien bzw. Musik verwenden kann, muss man eine 1-Klick-Bezahlungsweise eingerichtet haben.

Bei der Bestellung des Amazon Fire TVs erhält man das Amazon Fire TV selbst und eine begrenzte Auswahl an Zusatzgeräten, die für den Betrieb des Fire TVs unerlässlich sind. Das Amazon Fire TV kommt heutzutage in drei Generationen. Gerade die dritte Generation des Gerätes ist am kleinsten und verfügt über eine kleinere Auswahl an Ports und Steckern.

Das Amazon Fire TV der ersten Generation verfügt über einen Ethernetanschluss. Dazu kommen ein Stromanschluss und ein HDMI-Port. Ein USB-Port und ein Optical Audioanschluss runden das Bild ab. Das Amazon Fire TV der zweiten Generation tauscht den Optical Audioanschluss für einen Slot für eine microSD-Karte ein.

Mit dem Amazon Fire TV erhält man selbstverständlich auch die Amazon Fire TV Sprachfernbedienung. Anstatt einer Fernbedienung mit einer unübersichtlichen Anzahl an Knöpfen für die verschiedenen Funktionen und Optionen erhält man eine Fernbedienung, die sehr übersichtlich gestaltet ist und im Wesentlichen über Sprachbefehle und Auswahltasten funktioniert. Dazu verfügt die Amazon Fire TV Sprachfernbedienung zu allererst über ein eingebautes Mikrofon, in welches man seine Sprachbefehle hineinspricht. Direkt unter dem Mikrofon befindet sich der Mikrofonknopf. Diesen muss man drücken und gedrückt halten, damit die Fernbedienung den Sprachbefehl aufnehmen und an das Amazon Fire TV übertragen kann.

Wer es gern manuell mag, der kann auch mit den wenigen Tasten ans Ziel kommen. Dazu befindet sich unter dem Knopf für das Mikrofon der Auswahlring. Mit diesem Ring kann man innerhalb der Menüs nach oben, unten, rechts und links gehen und so das Symbol für die App oder die Funktion auswählen, die man benutzen möchte. Innerhalb des Ringes befindet sich ein großer Button. Drückt man auf diesen, dann wählt man direkt die markierte Funktion oder App aus.

Unterhalb des Auswahlringes befinden sich drei Tasten. Mit der linken Taste gelangt man einen Schritt zurück. So kann man ein Untermenü verlassen oder eine Seite zurückgehen. Daneben, in der Mitte, befindet sich die Taste für den Hauptbildschirm. Drückt man darauf, dann verlässt man sofort die App oder die Seite, die man aufgerufen hat, und gelangt in den Hauptbildschirm des Amazon Fire TV. Rechts befindet sich die Taste zum Aufrufen der Menüs. Damit kann man in einer App in das Menü gelangen oder Untermenüs bzw. Extrafunktionen für ein Menü aufrufen.

Unterhalb der Tastenreihe für die Menüs, befindet sich eine weitere und gleichzeitig die letzte Tastenreihe. Diese dient dem Bedienen der Wiedergabe von Filmen oder Musik. Diese Tastenreihe enthält drei Tasten mit sehr einfachen Funktionen. In der Mitte ist die Taste für Play und Pause. Links davon ist die Taste für zurück und rechts daneben für vorwärts. Mit diesen beiden Tasten kann man also zurück oder vorwärts spulen, wenn man sich einen Film anschaut oder einen Song anhört.

Für die Amazon Fire TV Sprachfernbedienung braucht man zwei AAA-Batterien, die ebenfalls mit dem Gerät mitgeliefert werden. Das Amazon Fire TV selbst verfügt über ein, auch mitgeliefertes, Netzteil. Es sollte nur dieses Netzteil für den Betrieb des Amazon Fire TVs benutzt werden, um eine volle Funktionalität des Gerätes zu garantieren.

Ist das Amazon Fire TV eingetroffen, geht es erst einmal ans Auspacken und dem Checken, ob alle Geräte enthalten und nicht beschädigt sind. Ist das alles sichergestellt, dann geht es an das Anschließen selbst. Hierfür stellt man das Gerät hinter oder neben dem Fernseher auf. Als Nächstes verbindet man das mitgelieferte Netzteil über das Netzkabel mit dem Netzanschluss auf der Rückseite des Amazon Fire TVs. Den Stecker steckt man dann in eine Strom führende Steckdose.

Im nächsten Schritt wird das Amazon Fire TV mit dem Fernseher verbunden. Dazu nimmt man das HDMI-Kabel und steckt es in den Port an der Rückseite des Amazon Fire TVs der ersten oder zweiten Generation. Verfügt an über ein Gerät der dritten Generation, dann kann man diesen Schritt überspringen, denn dieses Gerät verfügt über ein integriertes HDMI-Kabel. Im Falle eines Fire TV der ersten oder zweiten Generation steckt man nun das andere Ende des HDMI-Kabels in einen HDMI-Port am Fernsehgerät. Wer über ein Fire TV der dritten Generation verfügt, steckt das integrierte HDMI-Kabel in den entsprechenden Port am Fernseher. Verfügt das Fernsehgerät über mehrere HDMI-Ports, dann sind diese normalerweise beschriftet und man sollte sich merken, welchen der Ports man für das Amazon Fire TV verwendet hat.

Ist das Fire TV an den Fernseher angeschlossen, dann schaltet man den Fernseher nun ein. In dem Hauptmenü des Fernsehers wählt man als Nächstes den HDMI-Port aus, in welchen man das Kabel des Amazon Fire TV gesteckt hat. Hat man den richtigen Port ausgewählt, dann sieht man den Ladebildschirm des Fire TV mit dem Amazon Fire-TV-Logo.

Ist der richtige HDMI-Port ausgewählt und erscheint das Amazon Fire-TV-Logo, dann ist es an der Zeit, die Fernbedienung einzurichten. Dazu dreht man die Fernbedienung herum und öffnet das Batteriefach auf der Rückseite. Dann drückt man mit dem Daumen auf den Pfeil auf der Rückseite und schiebt die Abdeckung nach oben. Als Nächstes nimmt man die beiden mit gelieferten Batterien. Diese werden so eingelegt, dass die Plus- und Minuspole mit den Markierungen innerhalb des Batteriefaches übereinstimmen. Danach platziert man den

Deckel wieder über dem Batteriefach und schiebt ihn nach unten, bis er einrastet.

Sind die Batterien eingelegt, schaltet sich die Fernbedienung automatisch in den Koppelungsmodus. Sollte dies jedoch nicht geschehen, dann drückt man die Taste für den Hauptbildschirm für 10 Sekunden und startet diesen Modus manuell.

Nach der Erkennung der Fernbedienung wird das Fire TV eine Reihe von Anweisungen auf dem Bildschirm zeigen. Diese dienen der Herstellung einer Verbindung zu einem WLAN oder Ethernet. Die vorhandenen Netzwerke werden hierzu angezeigt und man wählt das Netzwerk aus, mit welchem man das Fire TV verbinden möchte. Dazu kann es vorkommen, dass man ein Passwort eingeben muss. Dies ist nicht das Passwort des Amazonkontos, sondern das Passwort des Netzwerkes. Wahlweise kann man im Folgenden seine Passwörter auf dem Amazonkonto speichern lassen. So kann man sie nicht mehr vergessen. Dann erhält man entsprechende Anweisungen, um das Fire TV bei Amazon zu registrieren. Mehr Informationen über das Herstellen einer Internetverbindung und über das Registrieren gibt es im Kapitel: „Die Verbindung mit einem Netzwerk".

Nach der Registrierung zeigt das Fire TV ein Begrüßungsvideo. Dieses enthält Informationen und Tipps dafür, wie man seinen Fire TV benutzt und das Meiste aus dem Gerät herausholt. Dazu gehören auch die Optionen für eine Kindersicherung und die Anmeldung zu Amazon Prime. Außerdem lädt das Gerät alle Updates herunter, die seit seiner Herstellung ins Internet gestellt wurden. Dieser Schritt kann einige Zeit in Anspruch nehmen und sollte bei der Einrichtung des Amazon Fire TV eingeplant werden.

Amazon Fire TV Stick einrichten

Der Amazon Fire TV Stick ist in seiner Einrichtung sehr einfach. Neben dem Gerät selbst braucht man jedoch ein paar andere Dinge, die in der Bestellung des Amazon Fire TV Stick nicht enthalten sind. Diese sollte man bereits im Vorfeld klären bzw. beschaffen und / oder einrichten.

Das Erste, was man braucht, ist ein HD- oder ein Ultra-HD-Fernseher. Der Name Fire TV Stick klingt zwar, als ob das Gerät selbst ein TV-Gerät ist, doch dem ist nicht so. Es erweitert einfach die Funktion eines vorhandenen Gerätes. Damit das Fernsehgerät die Funktion des Fire TV Sticks auch wirklich wiedergeben kann, muss es HD oder Ultra HD kompatibel sein. Weiterhin braucht das Fernsehgerät mindestens einen HDMI-Eingang.

Der Amazon Fire TV Stick gibt Inhalte aus dem Internet wieder. Man braucht also keine Satellitenschüssel und auch keinen Kabelanschluss. Was man aber braucht, ist eine Verbindung zum Internet. Diese Verbindung wird über ein WLAN aufgebaut. Dieses muss also dementsprechend vorhanden und eingerichtet sein.

Weiterhin braucht man für die Funktionen des Amazon Fire TV Sticks ein Konto bei Amazon. Dieses Amazonkonto erlaubt das Herunterladen bzw. Streamen von Filmen und Musik. Es erlaubt auch das Bestellen von Produkten. Um all dies jedoch tun zu können, muss man auf dem Amazonkonto die 1-Klick-Bezahlungsart aktivieren und alle benötigten Zahlungsinformationen eingeben. Wenn das Gerät angeschlossen und eingeschaltet ist, erscheint ein Bildschirm mit der

Option zum Einloggen in ein vorhandenes Amazonkonto oder zur Erstellung eines neuen Kontos.

Wenn der Amazon Fire Stick geliefert wird, enthält die Packung den Amazon Fire Stick selbst, eine Fernbedienung plus zwei AAA-Batterien, ein Netzteil mit Ladekabel, ein HDMI-Verlängerungskabel und, je nach Version, einen HDMI-Adapter.

Der Fire TV Stick verfügt über zwei Anschlüsse. Dies sind einmal ein HDMI-Ausgang und ein Micro-USB. Der HDMI-Ausgang dient dem Anschluss des Amazon Fire TV Sticks mit dem Fernsehgerät. Der Micro-USB dient der Versorgung des Fire TV Sticks mit ausreichend Strom.

Für einen Amazon Fire TV Stick der ersten Generation wird eine Amazon Fire TV-Fernbedienung mitgeliefert. Diese ist, wie man es für einen Fire TV Stick erwartet, klein und übersichtlich. Alle Bedienungen können über einen Auswahlring nebst Auswahlknopf und 6 weiteren Auswahlknöpfen erledigt werden.

Der Auswahlring erlaubt das Auswählen der App oder Funktion in einem Menü, indem man einfach die Tastenteile oben, unten, rechts oder links betätigt. Mit dem Auswahlknopf in der Mitte bestätigt man dann die Auswahl.

Unterhalb des Auswahlringes befinden sich 6 weitere Bedienknöpfe in zwei Reihen zu je drei Knöpfen angeordnet. Die erste Tastenreihe dient dem Auswählen der Menüs. In der Mitte befindet sich der Button für den Hauptbildschirm. Egal, ob man sich gerade einen Film anschaut, eine App ausführt oder sich in einem Untermenü befindet, drückt man den Button für den Hauptbildschirm, dann wird der Film unterbrochen, die App angehalten oder das Untermenü verlassen und man gelangt sofort in den Hauptbildschirm.

Links neben der Taste für den Hauptbildschirm befindet sich der Button für „zurück". Damit kann man die Untermenüs einen Schritt zurücksetzen, innerhalb einer App einen Schritt zurück machen oder, bei mehrmaligem Drücken, ebenfalls in den Hauptbildschirm gelangen.

Auf der rechten Seite, neben dem Button für den Hauptbildschirm, befindet sich der Menüknopf. Damit kann man innerhalb von Apps ein Menü aufrufen oder in bestimmte Untermenüs gelangen.

Unterhalb des Menübuttons befindet sich die zweite Reihe mit je drei Tasten. Diese dienen der Wiedergabe von Musik oder Filmen. Die Taste in der Mitte startet die Wiedergabe bzw. hält diese an. Die Taste links davon erlaubt das Zurückspulen und die Taste rechts davon erlaubt das Vorspulen.

Für neuere Geräte erhält man die Alexa-Sprachfernbedienung. Diese ist etwas größer und fügt am vorderen Ende eine Funktion hinzu. Diese besteht aus einem Mikrofon nebst dazugehöriger Taste. Über das Mikrofon kann man Alexa seine Sprachbefehle erteilen. Dazu muss man nur die Mikrofontaste gedrückt halten und seine Sprachbefehle in das Mikrofon hineinsprechen.

Das Netzteil dient der Versorgung des Amazon Fire Sticks mit elektrischer Energie. Es sollte nur dieses mitgelieferte Netzteil verwendet werden, um eine ausreichende Versorgung und damit eine volle Funktionalität des Gerätes zu garantieren. Das Netzteil wird über das Netzkabel mit dem Micro-USB-Port des Amazon Fire TV Sticks mit diesem verbunden.

Das HDMI-Verlängerungskabel dient dazu, die Verbindung zwischen dem Amazon Fire TV Stick und dem Fernsehgerät zu erleichtern bzw. eine bessere Positionierung des Amazon Fire TV Sticks zu ermöglichen. Damit kann auch, je nach Situation, die Qualität der Verbindung zu einem WLAN verbessert werden. Der HDMI-Adapter wird bei allen Amazon Fire TV Sticks mit einer Alexa-Fernbedienung mitgeliefert. Er dient, vor allem in Verbindung mit dem HDMI-Verlängerungskabel, dazu, die Verbindung zwischen dem Fernseher und dem Amazon Fire TV Stick zu verbessern.

Zur Einrichtung des Amazon Fire TV Sticks genügen einige wenige Schritte. Als Erstes verbindet man das Netzteil mit dem USB-Kabel und steckt das Ende des USB-Kabels in den Micro-USB-Port des Fire TV Sticks. Als Nächstes steckt man das Netzteil in eine Strom führende Steckdose. Es ist wichtig für eine richtige Funktion des Gerätes, das mitgelieferte Netzteil und eine Strom führende Steckdose zu verwenden. Ein Anschluss an einen USB-Port des Fernsehers selbst erbringt nicht die benötigte Menge Strom. Ebenso sollte der Amazon Fire TV Stick nicht an einen stromlosen HDMI-Hub angeschlossen werden. Auch dies könnte einen negativen Effekt auf die Funktionen des Amazon Fire TV Sticks haben.

Dann verbindet man den Amazon Fire TV Stick mit dem Fernsehgerät. Dazu kann man den Stick entweder direkt in einen HDMI-Port des Fernsehers stecken oder, was empfohlen ist, das mitgelieferte Verlängerungskabel und den Adapter verwenden. Letzteres ermöglicht eine sichere Verbindung und damit ein ungetrübtes

TV-Erlebnis. Verfügt der verwendete Fernseher über mehrere HDMI-Anschlüsse, so sollte man sich die Beschriftung des verwendeten Anschlusses merken, denn man muss später noch den richtigen Port im Menü des Fernsehers auswählen.

Es wird nun Zeit, den Fernseher einzuschalten. Sobald der Fernseher läuft, wählt man im Menü den für den Anschluss des Amazon Fire TV Sticks verwendeten HDMI-Port aus. Dann sollte man den Ladebildschirm des Fire TV Sticks mit dem Fire-TV-Stick-Logo sehen.

Ist der Amazon Fire TV Stick korrekt an den Fernseher angeschlossen und der richtige Kanal ausgewählt, dann richtet man die Fernbedienung ein. Dazu nimmt man die Fernbedienung in die Hand und dreht sie herum. Auf der Rückseite sucht man nach dem Pfeil. Auf diesen legt man den Daumen und drückt die Abdeckung in Richtung des Pfeils. Die Abdeckung wird jetzt nach oben gleiten und den Zugriff auf das Batteriefach ermöglichen. In das Batteriefach legt man die beiden AAA-Batterien, und zwar so, dass die Plus- und Minuspole mit der Beschriftung des Batteriefaches übereinstimmen. Danach legt man die Abdeckung wieder über das Batteriefach und schiebt sie in ihre Ausgangsposition zurück, bis sie einrastet.

Sind die Batterien in die Fernbedienung eingelegt und der Amazon Fire TV Stick eingeschaltet, dann muss man nun die Fernbedienung mit dem Fire TV Stick koppeln. Der dazu benötigte Modus sollte direkt nach Einlegen der Batterien von allein starten. Geschieht dies nicht, dann drückt man die Taste für den Hauptbildschirm für 10 Sekunden, um den Modus per Hand zu starten.

Nach dem Koppeln der Fernbedienung wird eine Verbindung zum Internet benötigt. Dazu folgt man den Schritten, die im Kapitel „Die Verbindung mit einem Netzwerk" beschrieben sind. Nach der Verbindung mit dem Netzwerk und damit dem Internet muss man das Gerät noch bei einem Amazonkonto registrieren. Die Passwörter, die für das Herstellen einer Verbindung zum Netzwerk benötigt werden, entsprechen nicht den Passwörtern für das Amazonkonto. Nach der Registrierung können die Passwörter aber auf dem Amazonkonto gespeichert werden.

Für die Registrierung bei Amazon folgt man einfach den Anweisungen auf dem Bildschirm. Nach der Anmeldung spielt der Amazon Fire TV Stick ein Willkommensvideo ab. In diesem werden die wichtigsten Funktionen des Gerätes erklärt und es gibt ein paar Tipps, wie man alle Funktionen richtig benutzen kann. Ebenso kann man hier eine Kindersicherung aktivieren, so man Kinder im eigenen Haushalt hat und diese keinen Zugriff auf die Kauffunktionen des Amazon Fire TV Sticks haben sollen.

Die Verbindung mit einem Netzwerk

Das Amazon Fire TV und der Amazon Fire TV Stick haben beide eine sehr wichtige Gemeinsamkeit. Sie funktionieren ohne Receiver, ohne Antenne, ohne Satellitenschüssel. Das bedeutet aber auch, sie brauchen eine Verbindung zum Internet. Nur so erhalten sie Zugriff auf die Tausende von Apps, all die vielen Filme und die unüberschaubare Auswahl an Musik. Für das Amazon Fire TV und den Amazon Fire TV Stick der zweiten Generation stehen für eine Verbindung mit dem Internet zwei Optionen zur Verfügung. Man kann die Verbindung entweder über ein WLAN oder ein Ethernet herstellen. Für den Amazon Fire TV Stick der ersten Generation gibt es nur das WLAN.

Amazon Fire TV

Die gebräuchlichste Verbindung für das Amazon Fire TV ist ein WLAN. Um eine Verbindung mit einem solchen WLAN herzustellen, geht man in das Menü für die Einstellungen des Amazon Fire TV. Dort wählt man den Punkt Netzwerk aus.

Das Amazon Fire TV sucht automatisch nach neuen Netzwerken. Wenn man in den Punkt Netzwerk geht, wird man dort eine Liste mit den verfügbaren Netzwerken vorfinden. In dieser Liste sucht man einfach das Netzwerk aus, mit dem man das Fire TV verbinden möchte. Sollte es vorkommen, dass das gewünschte Netzwerk nicht angezeigt wird, dann kann man die Funktion „Erneut suchen" benutzen. Wahlweise kann man auch die Option „Weiteres Netzwerk hinzufügen" verwenden.

Wurde das gewünschte Netzwerk ausgewählt, muss man nun im nächsten Schritt das entsprechende Passwort eingeben. Dabei handelt es sich um das Passwort für das WLAN, nicht das Passwort für Amazon. Es gibt aber auch Netzwerke, die keine Passworteingabe erfordern. Das liegt an den Einstellungen für das Netzwerk. Die Netzwerke, für die man ein Passwort braucht, erkennt man an dem Symbol mit dem Schloss in der Auswahlliste.

Sobald eine Verbindung mit dem WLAN erfolgreich hergestellt wurde, wird eine entsprechende Nachricht angezeigt. Sollte man bereits über eine Verbindung mit einem Ethernetkabel verfügen und von dieser Verbindung zu einem WLAN wechseln wollen, dann muss zuvor das Ethernetkabel von dem Amazon Fire TV getrennt werden.

Anstelle eines WLAN kann auch eine Verbindung mit einem Kabel, mit einem Ethernetnetzwerk, hergestellt werden. Dazu braucht man ein Ethernetkabel, welches nicht mitgeliefert wird. Das Ethernetkabel steckt man in den Ethernetport des Fire TVs und das andere Ende in den Router oder das Modem. Danach geht man wieder in das Menü für die Einstellungen und wählt dort den Punkt „Netzwerk" aus. Im Netzwerkmenü stellt man die Option auf „Kabelgebunden". Schon wird das Amazon Fire TV versuchen, eine Verbindung zu einem Ethernet herzustellen. Sobald dies gelungen ist, wird eine Nachricht eingeblendet. Bei der Bestellung eines Amazon Fire TV der dritten Generation sollte man jedoch beachten, dass man für eine Verbindung zu einem Ethernet einen Adapter braucht, den man extra kaufen muss.

Der Fire TV Stick der ersten Generation kann nur mit einem WLAN verbunden werden. Der Fire TV Stick der zweiten Generation kann sowohl mit einem WLAN als auch mit einem Ethernet verbunden werden. Für eine bessere Verbindung des Fire TV Sticks mit einem WLAN empfiehlt es sich, das Verlängerungskabel für den HDMI-Port und den Adapter zu verwenden. So kann der Fire TV Stick besser positioniert werden, was den Empfang des WLAN erleichtert. Ebenso sollte für den Betrieb das mitgelieferte Netzteil verbunden werden, um eine ausreichende Energieversorgung sicherzustellen.

Um eine Verbindung mit einem WLAN herzustellen, geht man in dem Menü des Fire TV Stick auf den Punkt „Einstellungen" und dann auf „Netzwerk". Der Fire TV Stick wird sofort eine Suche nach verfügbaren Netzwerken durchführen und daraufhin eine Liste mit den Namen der Netzwerke anzeigen. Sollte das gewünschte Netzwerk nicht in dieser Liste vorhanden sein, dann kann man entweder mit dem Button „Erneut suchen" noch einmal nach dem Netzwerk scannen oder man benutzt den Button „Weiteres Netzwerk hinzufügen".

Wird das gewünschte Netzwerk mit Namen angezeigt, dann wählt man diesen Namen einfach aus. Als Nächstes wird man aufgefordert, ein Passwort einzugeben. Hier gibt man das Passwort des Netzwerkes, nicht des Amazonkontos, ein. Manche Netzwerke sind jedoch öffentlich und man braucht kein Passwort, um eine Verbindung mit ihnen herzustellen. Ob man ein Passwort braucht, erkennt man an dem Symbol. Die Netzwerke, die nach einem Passwort verlangen, haben ein kleines Schloss in ihrem Symbol. Sobald eine Verbindung zum Netzwerk erfolgreich hergestellt wurde, erscheint eine Nachricht zur Bestätigung auf dem Bildschirm.

Wer über einen Fire TV Stick der zweiten Generation verfügt, kann diesen auch mit einem Ethernet verbinden. Dazu wird jedoch ein Adapter benötigt, der nicht im Lieferumfang enthalten ist. Den Adapter verbindet man mit dem Kabel des Ethernets und mit dem USB-Anschluss des Fire TV Sticks. Dann verbindet man den Fire TV Stick mit dem Netzteil. Das andere Ende des Kabels verbindet man mit dem Router oder Modem.

Danach geht man in das Menü „Einstellungen" und dort in den Menüpunkt „Netzwerk". Dort verwendet man die Option „Kabelgebunden". Daraufhin wird der Fire TV Stick eine Verbindung zum Ethernet aufbauen. Sobald dies geschehen ist, wird dies mit einer Meldung auf dem Bildschirm angezeigt.

An- und abmelden

Das Amazon Fire TV und der Amazon Fire TV Stick müssen angemeldet sein, um die neueste Software, die Features und die Funktionen des Gerätes benutzen zu können. Bei der Einrichtung des Gerätes erscheinen wichtige Anweisungen auf dem Bildschirm. Diese leiten auch durch den Prozess der Anmeldung des Amazon Fire TVs und des Amazon Fire TV Sticks.

Während der Anmeldung muss man den Amazon Fire TV oder den Amazon Fire TV Stick mit einem existierenden Konto verbinden oder, falls ein solches Konto nicht vorhanden ist, ein neues Konto einrichten. Dazu gehört auch, dass man seine Kontoinformationen eingeben muss. Ebenso muss der 1-Klick-Einkauf aktiviert sein. Dabei kann es auch vorkommen, dass man sein Konto verifizieren muss. Dazu erhält man einen bestimmten Code, den man in einem entsprechenden Feld auf der Amazon-Webseite eingibt.

Wenn das Amazon Fire TV oder der Amazon Fire TV Stick über Amazon gekauft wurde, sollte sich das Gerät sofort auf dem dafür verwendeten Konto anmelden. Dies kann man über das Menü „Einstellungen" und dort den Punkt „Mein Konto" überprüfen.

Natürlich kann man das Konto, bei dem das Amazon Fire TV und der Amazon Fire TV Stick registriert ist, auch ändern. Dazu geht man einfach auf den Menüpunkt „Einstellungen". Als Nächstes wählt man „Mein Konto" aus. Sollte noch keine Registrierung durchgeführt worden sein, kann man dies hier nachholen. Ist das Gerät schon registriert, dann sieht man hier den Namen des Kontos, auf dem es registriert ist. Dort wählt man die Option „Abmelden". Danach kann man das Gerät sofort wieder neu anmelden und dieses Mal für die Anmeldung ein anderes Konto verwenden. Vor einem solchen Schritt sollte man jedoch bedenken, dass alle Einstellungen auf dem Konto registriert sind. In anderen Worten, nach einer Neuanmeldung muss man auch alle Einstellungen auf dem Gerät erneut vornehmen.

Die Menüs

Die Funktionen des Fire TV und Fire TV Sticks findet man in den Menüs. Um damit auch etwas anfangen zu können, muss man wissen, wie man durch diese Menüs hindurchschaltet und was man dort findet.

Zur Steuerung des Fire TV und des Fire TV Sticks verwendet man die Fernbedienung. Diese verfügt nur über wenige Tasten und ist damit recht übersichtlich, was die Bedienung nicht unwesentlich erleichtert.

Die meisten Funktionen wird man von der Startseite bzw. dem Hauptbildschirm des Fire TV oder Fire TV Sticks aus starten. Um in den Hauptbildschirm zu gelangen, verwendet man einfach nur die „Home"-Taste. Diese befindet sich in der Mitte, direkt unter dem großen Auswahlring. Befindet man sich bereits in einem Menü oder Untermenü und möchte einen Schritt zurückmachen, dann verwendet man dafür die „Zurück"-Taste gleich links neben der Taste für den Hauptbildschirm.

Mit dem Auswahlring kann man zwischen den einzelnen Menüpunkten hin- und herwechseln. Dazu drückt man auf dem Ring einfach in die Richtung, in die man auf dem Bildschirm gehen möchte. Will man nach rechts gehen, dann drückt man einfach auf die rechte Seite des Ringes. Will man nach oben gehen, dann drückt man auf die obere Seite und immer so weiter. Ist man auf dem Menüpunkt angelangt, den man auswählen möchte, dann drückt man die große Taste in der Mitte des Auswahlringes. Schon befindet man sich in dem ausgewählten Menü.

Alternativ zu den Tasten kann man ein gewünschtes Menü auch über einen Sprachbefehl ansteuern, soweit man über eine Alexa-Sprachfernbedienung verfügt. Dazu drückt man einfach die Taste für das Mikrofon und hält diese gedrückt, während man den Namen des gewünschten Menüs in das Mikrofon spricht.

Wenn man den gewünschten Menüpunkt nicht gleich findet, kann man auch über die Suchoption danach suchen. Dazu geht man auf das Symbol mit der Lupe und drückt dieses. Dann kann man über ein eingeblendetes Buchstabenfeld den Namen des gewünschten Menüs eingeben.

Das Amazon Fire TV und der Amazon Fire TV Stick verfügen über ein Schnellzugriffmenü. Dieses Menü erlaubt es, bestimmte Apps anzusteuern, den Ruhemodus zu aktivieren, die Funktion „Display multiplizieren“ zu benutzen, die Uhrzeit einzublenden oder in das Menü für die Einstellungen zu gelangen. Das Schnellzugriffmenü öffnet man über die Taste für den Hauptbildschirm. Diese Taste drückt man und hält sie gedrückt, bis das Schnellzugriffmenü auftaucht.

Neben dem Button für den Hauptbildschirm befindet sich der Menübutton. Dieser erlaubt es, weitere Optionen aufzurufen. Das geht sowohl bei Funktionen, Apps und bei Filmen.

Manchmal möchte man das Amazon Fire TV oder den Amazon Fire TV Stick neu starten. In einem solchen Fall braucht man zwei Tasten. Als Erstes benötigt man die große Auswahltaste innerhalb des Auswahlringes. Als Zweites benötigt man die Tasten für die Wiedergabe und Pause. Beide Tasten drückt man gleichzeitig und hält sie für 5 Sekunden gedrückt.

Das Amazon Fire TV der ersten Generation wechselt nach 30 Minuten ohne Aktivität in den Ruhemodus. Alle anderen Fire TV und Fire TV Sticks schalten bereits nach 20 Minuten in den Ruhemodus. So braucht man das Gerät nicht manuell auszuschalten. Im Ruhemodus ist das Gerät aber nicht ausgeschaltet. Es ist weiterhin mit dem Internet verbunden und kann zum Beispiel Updates ausführen. Bevor der Ruhemodus aktiviert wird, schaltet sich mitunter ein Bildschirmschoner ein. Das liegt jedoch an den persönlichen Einstellungen für den Bildschirmschoner.

Wer möchte, kann den Ruhemodus auch manuell aktivieren. Dazu braucht man nur das Schnellzugriffmenü. In dieses gelangt man über die Taste für den Hauptbildschirm. Diese drückt man und hält sie gedrückt, bis sich das Schnellzugriffmenü öffnet. Dort wählt man dann die Option „Ruhemodus".

Befindet sich das Gerät im Ruhemodus und man möchte es wieder aktivieren, dann genügt ein Druck auf irgendeine der Tasten auf der Fernbedienung. Schon nach wenigen Sekunden ist das Gerät wieder bereit, Filme wiederzugeben oder Musik abzuspielen.

Das Amazon Fire TV und den Amazon Fire TV Stick kann man auch ganz ausschalten, doch das geht nicht am Gerät selbst. Das liegt daran, dass ein komplettes Abschalten nicht vorgesehen ist. Der Ruhemodus soll der normale Modus sein, damit so weiterhin Updates durchgeführt werden können. Zum kompletten Abschalten trennt man das Gerät einfach von der Stromzufuhr, indem man das Netzteil aus der Steckdose entfernt.

Das Amazon Fire TV und der Amazon Fire TV Stick können auch vom WLAN getrennt werden, doch auch dies entspricht nicht der normalen Funktionsweise des Gerätes. Eine solche Trennung führt man im Menü „Einstellungen" unter dem Punkt „Gerät" und dort dem Unterpunkt „Entwickleroptionen" aus. Dafür wählt man in dem Untermenü die Option „WLAN-Radio deaktivieren" aus. Als Nächstes erhält man eine Warnmeldung und bestätigt dort seinen Wunsch, die WLAN-Verbindung zu deaktivieren. Die Verbindung kann man später wieder herstellen, indem man das Gerät für mindestens drei Sekunden vom Stromnetz trennt und danach wieder verbindet.

Am oberen Bildschirmrand des Startbildschirms befindet sich das Fire-TV-Menü. Über den Auswahlring kann man dieses Menü ansteuern und sich darin bewegen. Dort findet man verschiedene Optionen für das Fire TV und den Fire TV Stick.

Startseite

Unter diesem Punkt findet man die Hauptseite des Fire TV und Fire TV Sticks. Hier findet man die zuletzt verwendeten Inhalte sowie die Apps, die Spiele und die empfohlenen Inhalte.

Inhalte aufrufen und verwalten

Wenn man auf der Hauptseite den Punkt „Inhalte" auswählt, kann man seine Inhalte auf dem Amazon Fire TV und Amazon Fire TV Stick aufrufen und verwalten. Die Inhalte findet man dort nach verschiedenen Kategorien sortiert.

Die erste Kategorie sind die empfohlenen Inhalte. Diese befinden sich gleich rechts neben dem Menü. Dort findet man neue und ausgewählte Inhalte. Dies können Filme, Serien, Apps und andere Inhalte sein.

Die Inhalte in diesem Bereich werden entweder mit Bildern dargestellt oder mit kurzen Ausschnitten, die automatisch starten. Dieser Bereich wird ständig aktualisiert. Zu jedem gezeigten Titel kann man sich mehr Informationen anzeigen lassen. Inhalte in diesem Bereich können nicht von dem Nutzer entfernt oder ausgeschaltet werden. Es gibt aber Einstellungen für die automatische Wiedergabe von Ausschnitten. Für diese Einstellungen geht man einfach in das Menü „Einstellungen". Dort wählt man den Unterpunkt „Empfohlene Inhalte". In diesem Untermenü kann man die automatische Wiedergabe der Ausschnitte entweder ganz abstellen oder nur deren Ton ausschalten. Wird die Wiedergabe der Ausschnitte ganz ausgeschaltet, dann werden in den empfohlenen Inhalten nur noch Bilder angezeigt. Wird nur der Ton ausgeschaltet, dann erfolgt eine Wiedergabe der Ausschnitte, jedoch ohne jeglichen Ton.

Eine weitere Kategorie sind die gesponserten Angebote. Diese schließen Filme, Serien und Apps mit ein. Dazu kommen noch Produkte von den Amazonseiten. Diese Werbung ist bezahlt und sie kann nicht entfernt werden. Wenn einer dieser Inhalte interessant ist, kann man mittels der Fernbedienung diesen Inhalt auswählen und mehr darüber erfahren. Dazu gehören Produktinformationen, die Verfügbarkeit des jeweiligen Inhalts und die möglichen Kaufoptionen. Wann immer etwas über die Amazonseiten gekauft wird, wird dafür die 1-Klick-Bezahlungsart belastet. Diese Bezahlungsart wurde bei der Anmeldung des Amazon Fire TV oder Amazon Fire TV Stick eingerichtet. Weiterhin können diese Bestellungen über einen Computer auf den Amazonseiten bearbeitet werden. Dort kann man auch die Zahlungsinformationen ändern, sofern dies nötig ist.

Meine Videos

Unter diesem Punkt im Amazon-Fire-TV-Menü verbirgt sich die Liste mit den Videos, die man sich anzeigen lassen kann. Dort kann man diese Liste auch bearbeiten. In dem Unterpunkt „Meine Videobibliothek" kann man all die Videos einsehen, die man bestellt bzw. gerade ausgeliehen hat. Ebenso kann man dort die Titel finden, die auf Prime erhältlich sind. Dafür braucht man jedoch ein kostenpflichtiges Primeabonnement.

Der Bereich „Meine Videos" zeigt auch die Inhalte von Drittanbietern an. Dazu gehört zum Beispiel Netflix, einer der Hauptkonkurrenten von Prime Video. Mit Netflix können Filme und Serien sowie Dokumentationen zu einem einheitlichen Preis gestreamt werden. Will man die Videos eines Drittanbieters anschauen, dann benutzt man dazu dessen App, deren Symbol sich in diesem Menüpunkt befindet.

Filme und Serien

Unter diesem Menüpunkt findet man alle Filme und Serien, die man mit dem Fire TV oder Fire TV Stick anschauen kann. Dies schließt ausgeliehene oder gekaufte Amazonvideos und die Filme von Drittanbietern über deren Apps mit ein.

Wenn man über einen dieser Filme oder Serien geht und dann die Menütaste auf der Fernbedienung drückt, erhält man Zugriff auf weitere Optionen oder Informationen. Als Primemitglied erhält man zusätzlich eine Unterteilung der Filme in die Kategorien von Prime.

Apps

Unter dem Menüpunkt Apps kann man sich die Apps und Spiele anschauen, die man auf dem Amazon Appstore kaufen kann. Dazu gibt es hier auch unter dem Unterpunkt „Meine Apps & Spiele" eine Liste der Apps bzw. Spiele, die gerade installiert sind. Auf diesen Menüpunkt kann man von jeder anderen Menüseite aus zugreifen. Dazu braucht man nur das Schnellzugriffmenü aufzurufen, indem man die Taste für den Hauptbildschirm auf der Fernbedienung drückt und für einige Sekunden gedrückt hält.

Einstellungen

Dieser Menüpunkt im Fire TV-Menü ermöglicht es, das Gerät nach seinen Wünschen und Vorlieben einzustellen. Hier kann man das Netzwerk einrichten, Töne und Bildschirme bearbeiten, Controller anschließen und auch über Bluetooth eine Verbindung zu anderen Geräten aufbauen. Als eine besondere Sicherheit gibt es eine Kindersicherung, die etwas später noch mehr erklärt wird.

Dieser Menüpunkt erlaubt es, eine Suche über einen eingegebenen Text durchzuführen. Diesen Text kann man über die Buchstabenauswahl in das Suchfeld schreiben oder über einen Sprachbefehl hineinsprechen.

Die Kindersicherung

Mit dem Amazon Fire TV und dem Amazon Fire TV Stick kann man mehrere kostenpflichtige Aktionen durchführen. Dazu gehört zum Beispiel das Bestellen von kostenpflichtigen Inhalten oder das Abschließen von Abonnements. Diese Fälle sind normalerweise nicht gegenüber einem unbefugten Zugriff von Kindern gefährdet, denn man muss ja immer noch seine Zahlungsinformationen eingeben. Anders sieht dies jedoch für Abonnements, Bestellungen und Einkäufe auf Amazon aus. Hier wird eine 1-Klick-Bezahlfunktion mit zuvor gespeicherten Zahlungsinformationen verwendet. Hier kann ein Kind schon einmal sehr schnell einen unerlaubten Großeinkauf durchführen, welcher dann Mamas oder Papas Konto erheblich belastet. Um dies zu verhindern, kommen das Amazon Fire TV und der Amazon Fire TV Stick regelmäßig mit einer Kindersicherung.

Die Kindersicherung kann nicht nur die Käufe auf Amazon blockieren. Damit lassen sich auch Zugriffe auf bestimmte Inhalte einschränken. So wird gewährleistet, dass Kinder nur das sehen können, was für sie auch wirklich geeignet ist.

Die Einstellung der Kindersicherung erfolgt direkt über des Amazon Fire TV oder den Amazon Fire TV Stick. Dazu gibt man eine

PIN ein, die dann für die Freischaltung von bestimmten Inhalten, wie zum Beispiel Filme und Apps und vor allem die Einkaufsfunktion, benötigt wird.

Die Kindersicherung befindet sich im Menü für die „Einstellungen". Dort wählt man den Punkt „Kindersicherung" aus und bestätigt die Auswahl mit der großen, runden Taste in der Mitte des Auswahlringes. Dann setzt man die Kindersicherung auf „An". Daraufhin erscheint eine Aufforderung, einen PIN festzulegen. Sobald dies geschehen ist, erscheint die Option, die Inhalte festzulegen, die einer Freischaltung durch die PIN benötigen. Mit der Taste „Menü" unterhalb des Auswahlringes kann man dann die Zahlen für die PIN festlegen bzw. später den Code für die Freischaltung eingeben.

Für die Kindersicherung gibt es eine Reihe von Optionen, welche Funktionen durch sie geschützt werden sollen. Die Option „Pin-geschützte Einkäufe" erlaubt den Kauf auf Amazon nur noch mittels der Eingabe des Freigabecodes. Die Option „App-Starts mit PIN schützen" erlaubt den Start von Apps nur noch mit der PIN für die Kindersicherung. Das bezieht sich sowohl auf die vorinstallierten und auch auf die später installierten Apps. Des Weiteren kann man noch die Apps für die Prime Fotos mit der Kindersicherung sperren. Es können auch bestimmte Kategorien von Filmen oder Serien, basierend auf deren Bewertung, gesperrt werden.

Wird die Kindersicherung aktiviert, sind bereits bestimmte Einstellungen werkseitig vorgenommen. Dazu gehört vor allem die Wiedergabebeschränkung für Filme und Serien basierend auf ihren Bewertungen und die Kaufoptionen auf Amazon. Dies kann jedoch im Weiteren geändert werden.

Alexa

Alexa ist eine nützliche App, die die Eingabe von Sprachbefehlen und das Suchen über eine Spracheingabe erlaubt. Dies ermöglicht es, die Bedienung des Amazon Fire TV und des Amazon Fire TV Sticks wirklich einfach zu halten.

Zur Benutzung der Alexa-App wird eine Alexa-Sprachfernbedienung gebraucht. Diese ist an der Mikrofontaste und dem Mikrofon selbst erkennbar, welches sich oberhalb des Auswahlringes befindet. Um mit Alexa zu sprechen, braucht man nur die Mikrofontaste zu halten und seine Befehle bzw. die Suchwörter in das Mikrofon zu sprechen. Um jedoch korrekt zu funktionieren, muss während der ganzen Benutzung von Alexa diese über einen Internetzugang verfügen.

Alexa kann Funktionen des Fire TV und Fire TV Sticks ausführen. Sie kann Inhalte wiedergeben, Fragen beantworten, Nachrichten und Informationen über das Wetter wiedergeben, sie kann Musik abspielen und sie kann lernen. Mit jedem neuen Sprachbefehl gewöhnt sich die App an die Sprechweise des Nutzers. Über die allseits verfügbaren Skills kann Alexa ihre Fähigkeiten ständig erweitern.

Man spricht mit Alexa über das Mikrofon in der Fernbedienung, aber die Antworten erhält man über das Fire TV oder den Fire TV Stick. Einige Funktionen werden außerdem in einem neuen Fenster geöffnet. Sollte bereits ein anderes Amazon-Echo-Gerät vorhanden sein, kann dieses nicht das Amazon Fire TV oder den Amazon Fire TV Stick steuern.

Wenn man die Sprachfernbedienung benutzt und damit Alexa aktiviert, dann öffnet sich auf dem Fernseher der Bildschirm der App. Sofern dies nicht gewünscht ist oder man Alexa nicht weiter nutzen möchte, kann man den Bildschirm über die „Zurück"-Taste wieder verlassen und in den vorherigen Bildschirm zurückgelangen oder per „Hauptbildschirm"-Taste direkt in den Hauptbildschirm wechseln.

Der Alexa-Bildschirm erlaubt es, die Einstellungen für die App direkt auf dem Amazon Fire TV oder dem Amazon Fire TV Stick vorzunehmen. Die App selbst ist kostenlos und kann auf den Amazonseiten heruntergeladen werden.

Wenn man Alexa zum ersten Mal benutzt, kann es schon mal vorkommen, dass man nicht weiß, was man sagen soll. Das ist jedoch kein großes Problem, denn eine Lösung wurde Alexa direkt mitgeliefert. Diese wiederum kann über das Menü oder per Sprachbefehl benutzt werden. Wer Alexa gern über das Menü kennenlernen möchte, der geht einfach in das Menü für die Einstellungen des Fire TV oder des Fire TV Sticks. Dort wählt man den Punkt „Alexa" und als Nächstes den Punkt „Zum Ausprobieren" aus. Wer dies aber gern schon mit einem Sprachbefehl tun möchte, spricht einfach: „Alexa, sage mir, was ich tun kann", in das Mikrofon, während man die Taste für das Mikrofon gedrückt hält. Als Nächstes wird Alexa einige Tipps zeigen und erklären, um ihre wesentlichen Funktionen darzustellen.

Alexa bringt eine Reihe von Funktionen und Möglichkeiten mit sich. Zum Beispiel kann sie die Inhaltslisten der Filme, Serien, Apps und Spiele anzeigen bzw. durchsuchen. Dazu braucht man ihr nur Folgendes zu sagen: „Alexa, suche nach [Genre / Titel / Schauspieler]." Damit kann man sich entweder direkt einen Film anzeigen lassen, indem man dessen Titel benennt. Man kann sich die Filme eines ganzen Genres anzeigen lassen oder die Filme eines bestimmten Schauspielers. Man kann dies aber auch kombinieren. So kann man zum Beispiel sagen: „Alexa, suche nach den Komödien von Charlize Theron." Schon werden nur die lustigen Filme der besagten Schauspielerin angezeigt.

Ein Suchbefehl kann auch erweitert werden. So kann man zum Beispiel nur nach Komödien von Netflix suchen. Dies sieht dann so aus: „Alexa, suche nach Komödien nur von Netflix."

Gleiches geht auch mit Apps. So kann man zum Beispiel Alexa mit diesem Befehl „Alexa, starte die App Netflix" auftragen, die App mit dem Namen Netflix zu starten. Man kann den Befehl auch anders formulieren: „Alexa, öffne YouTube." Schon wird die YouTube-App gestartet.

Was mit Apps und Filmen funktioniert, geht natürlich auch mit Musik. „Alexa, spiele den [Titel] von Spotify." Mit diesem Befehl startet Alexa den besagten Musiktitel auf Spotify. Ebenso kann man Alexa auftragen, nur die Musik von einem bestimmten Künstler zu starten. Dies geht dann so: „Alexa, spiele Musik von [Name des Künstlers]." Sofort wird Alexa eine Auswahl der Musik von diesem Künstler spielen.

Alexa kann die Musik selbst abspielen oder eine Musik-App starten und dann über diese die Musik wiedergeben. Das hängt einfach nur von dem Befehl ab, den man Alexa erteilt. Wiedergaben über Alexa kann man per Sprachbefehl starten und auch anhalten. Man kann sie jedoch weder vor- noch zurückspulen. Ebenso kann die Lautstärke nicht über Alexa eingestellt werden.

Alexa kann auch E-Books wiedergeben, ebenso Hörbücher von Audible. Das geht ganz einfach über diesen Befehl: „Alexa, spiele [Buchtitel] ab." Alexa wird das Hörbuch starten und dann wiedergeben. Alexa kann aber auch selbst Bücher vorlesen. Das geht dann so: „Alexa, lies [Titel] vor." Schon wird Alexa das entsprechende Hörbuch laden und es vorlesen. Alexa kann von Kapitel zu Kapitel springen. Sie kann zu einer Seite springen und man kann das Vorlesen des Buches anhalten und später an der gleichen Stelle wieder fortsetzen.

Alexa ist auch in der Lage, die neuesten Nachrichten zu lesen. Dazu eignen sich gleich mehrere Sprachbefehle. So kann man eine Zusammenfassung der Nachrichten mit dem Sprachbefehl „Alexa, was ist meine tägliche Zusammenfassung?" erhalten. Mit „Alexa, was passiert heute?" gibt Alexa einen allgemeinen Nachrichtenüberblick. „Alexa, was ist neu?" bringt ebenfalls die neuesten Nachrichten von Alexa. Gerade für diese Funktionen gibt es weitere Skills, die es ermöglichen, gute Zusammenfassungen der Nachrichten in einer kurzen Zeit zu erhalten.

Neben den Nachrichten kann man sich auch das Wetter und den Verkehr ansagen lassen. „Alexa, wie ist das Wetter?" bringt Alexa dazu, den neuesten Wetterbericht vorzulesen. „Alexa, wird es morgen regnen?" bringt eine lokale Vorhersage für den nächsten Tag. Man kann aber auch das lokale Wetter verlassen. „Alexa, wie ist das Wetter in Berlin?" bringt den Wetterbericht für Berlin. Natürlich kann man Berlin durch jede andere Stadt ersetzen.

Für den Verkehr kann man sich mit „Alexa, wie sieht meine Pendelzeit aus?" nach den neuesten Bedingungen erkundigen. Ebenso bringt „Alexa, wie sieht es aktuell mit dem Verkehr aus?" die neuesten

Staunachrichten. Sowohl für das Wetter als auch für den Verkehr ist es ratsam, Alexa den eigenen Standort bestimmen zu lassen oder ihr diesen mitzuteilen. So kann man die Wetter- bzw. die Verkehrsauskunft auch wirklich für die eigene Region erfahren.

Neben den üblichen Nachrichten, dem Wetter und den Verkehrsberichten kann Alexa aber noch viel mehr Auskünfte erteilen und sie kann auch Witze erzählen. So kann man Alexa fragen: „Alexa, wie viel Uhr ist es in Buenos Aires?" Dann erhält man die aktuelle Zeit für die benannte Stadt. „Alexa, was ist die Definition von [Wort]?" Alexa wird nun nach der Definition für das genannte Wort suchen und diese vorlesen. „Alexa, erzähl mir einen Witz!" Alexa wird nun nach einem Witz im Internet suchen und diesen dann vorlesen.

Allgemeine Fragen bzw. Anfragen können mitunter nicht immer von Alexa beantwortet oder bearbeitet werden. In einem solchen Fall ist es möglich, über die Einstellungen von Alexa ein Feedback abzugeben. Dann kann für die Zukunft die Funktionalität von Alexa erweitert werden.

Alexa kann auch Einkaufs- und To-do-Listen erstellen bzw. verwalten. So kann man Alexa Folgendes sagen: „Alexa, setze [Produkt] auf meine Einkaufsliste!" Schon wird Alexa besagtes Produkt der Einkaufsliste hinzufügen. Gleiches geht auch für die To-do-Liste: „Alexa, setze [Aktion] auf meine To-do-Liste!" Schon wird die Handlung hinzugefügt. Natürlich kann man die Liste auch abrufen. „Alexa, was ist meine Einkaufsliste?" oder: „Alexa, lies meine To-do-Liste vor!" Schon erhält man Auskunft darüber, was man einkaufen bzw. was man machen wollte. Alexa kann gemachte Einträge jedoch nicht per Sprachbefehl löschen. Um dies zu tun, muss man über die Einstellungen in der Alexa-App die Listen verwalten.

Weiterhin kann Alexa auch bei lokalen Suchen helfen, sofern man der Alexa-App den eigenen Standort mitgeteilt hat. So kann man mit „Alexa, nenne mir ein Restaurant in der Nähe“, ein Restaurant nicht fern der eigenen Position finden. Ebenso kann man fragen: „Alexa, welche Geschäfte befinden sich in meiner Nähe?“ Dann erhält man die entsprechenden Einkaufsmöglichkeiten aufgezählt.

Externe Geräte

Die externen Geräte für das Amazon Fire TV und den Amazon Fire TV Stick schließen die Fernbedienung, eine Ersatzfernbedienung, Gamecontroller und andere Geräte ein. Letztere können Tastaturen, Kopfhörer oder eine Computermaus sein.

Die Fernbedienung ist das wichtigste externe Gerät zum Bedienen des Amazon Fire TV und des Amazon Fire TV Sticks. Sie ist drahtlos und sie verbindet sich automatisch mit dem Fire TV oder dem Fire TV Stick. Dazu muss man nur die mitgelieferten Batterien in das Batteriefach einlegen. Man kann das Koppeln aber auch manuell starten.

Für den Amazon Fire TV der ersten Generation erhält man eine Amazon-Fire-TV-Fernbedienung. Für die anderen Geräte, einschließlich des Amazon Fire TV Sticks, erhält man eine Alexa-Sprachfernbedienung.

Um die Fernbedienung, sei es die Amazon-Fire-TV-Fernbedienung oder die Alexa-Sprachfernbedienung, zu benutzen, muss man sie als Erstes einrichten. Dazu nimmt man die Fernbedienung und die mitgelieferten Batterien zur Hand.

Die Fernbedienung hält man so, dass die Rückseite zu einem selbst zeigt. Auf der Rückseite befindet sich ein Pfeil. Auf diesen Pfeil legt man seinen Daumen und übt einen sanften Druck nach unten und in die Richtung aus, in die der Pfeil zeigt. Damit entsperrt man die Abdeckung für das Batteriefach und lässt es nach oben gleiten. Dann nimmt man die Abdeckung von der Fernbedienung ab und legt sie zur Seite. Als Nächstes nimmt man die beiden Batterien zur Hand. Diese legt man in das nun offene Batteriefach. Dabei ist es wichtig, sicherzugehen, dass die Plus- und Minuspole auf der Batterie mit der jeweiligen Beschriftung im Batteriefach übereinstimmen.

Nach dem Einlegen der Batterien nimmt man wieder die Abdeckung für das Batteriefach zur Hand. Diese legt man auf das Batteriefach und drückt sie entgegen der Pfeilrichtung, bis sie einrastet. Jetzt hat die Fernbedienung Energie und schaltet sich automatisch in den Koppelungsmodus.

Die Alexa-Sprachfernbedienung verfügt am oberen Ende über ein Mikrofon und gleich darunter über einen Mikrofonknopf. Diesen drückt man und hält ihn gedrückt, um Sprachbefehle in das Mikrofon zu sprechen.

Die Alexa-Sprachfernbedienung und die Amazon Fire TV-Fernbedienung verfügen über Tasten, mit denen man durch die Menüs navigieren kann. Die größte Tasteneinheit ist dabei der Auswahlring mit der großen, runden Auswahltaste in der Mitte. Den Auswahlring benutzt man, um sich durch die Menüs zu bewegen. Drückt man auf den Ring auf der rechten Seite, dann geht die Auswahl nach rechts. Drückt man auf die linke Seite, dann bewegt sich die Auswahl nach links. Drückt man auf den oberen Rand des Auswahlringes, dann bewegt sich die Auswahl auf dem Bildschirm nach oben und drückt man auf den unteren Ring, dann bewegt sie sich nach unten. Hat man in den Menüs oder in den Apps die richtige Stelle erreicht und möchte man seine Auswahl bestätigen, dann drückt man die große, runde Auswahltaste in der Mitte des Auswahlringes.

Unterhalb des Auswahlringes befinden sich zwei Tastenreihen zu jeweils drei Tasten. Die obere Reihe ist für die Menüsteuerung und die untere Reihe ist für die Wiedergabe von Inhalten, wie zum Beispiel Musik oder Filme.

In der Mitte der oberen Tastenreihe, also direkt unter dem Auswahlring, befindet sich die Taste für das Hauptmenü. Mit dieser Taste verlässt man jedes Untermenü, jede App oder jede Wiedergabe und gelangt sofort in das Hauptmenü. Drückt man diese Taste und hält sie gedrückt, dann gelangt man in das Schnellzugriffmenü. Dort kann man unter anderem das Amazon Fire TV oder den Amazon Fire TV Stick in den Ruhemodus versetzen.

Links neben der Taste für das Hauptmenü befindet sich die Taste zum Zurückgehen. Diese Taste verwendet man immer dann, wann man sich in einem Untermenü, einem Unterpunkt oder einer App bzw. in einer Wiedergabe befindet. Damit verlässt man den aktuellen Menübereich, die aktuelle App oder die Wiedergabe und man gelangt in das vorherige Menü.

Rechts neben der Taste für das Hauptmenü befindet sich die „Menü"-Taste. Diese Taste erlaubt das Aufklappen von speziellen Menüs zu einzelnen Punkten oder von Optionen zu Apps oder Inhalten.

Unter den Tasten für die Menüs befindet sich die Tastenreihe für die Wiedergabe von Inhalten. Die Taste in der Mitte dient der Wiedergabe oder dem Anhalten der Wiedergabe von Inhalten. Die Taste links davon dient dem Zurückspulen und die Taste rechts dient dem Vorspulen.

Die Fernbedienung, Gamecontroller oder andere Geräte müssen mit dem Amazon Fire TV oder dem Amazon Fire TV Stick gekoppelt sein, um sie benutzen zu können. Gleichzeitig kann man bis zu 7 Fernbedienungen, Gamecontroller oder andere Geräte mit einem Amazon Fire TV oder Amazon Fire TV Stick koppeln.

Die mitgelieferte Fernbedienung sollte sich automatisch mit dem Amazon Fire TV bzw. dem Amazon Fire TV Stick koppeln, sobald die Batterien eingelegt sind. Man kann den Koppelungsmodus aber auch manuell starten, indem man die Taste für den Hauptbildschirm drückt und für mindestens 10 Sekunden gedrückt hält.

Eine weitere Fernbedienung oder eine Ersatzfernbedienung kann man über das Einstellungsmenü mit dem Amazon Fire TV oder dem Amazon Fire TV Stick koppeln. Dazu geht man in das Menü für die Einstellungen. Dort wählt man den Punkt „Gamecontroller und Bluetooth-Geräte" aus. In der sich dann öffnenden Liste wählt man „Amazon-Fire-TV-Fernbedienungen" und dann als Letztes den Punkt „Neue Fernbedienung hinzufügen". Gleichzeitig nimmt man sich die extra Fernbedienung zur Hand und drückt die Taste für den Hauptbildschirm für 10 Sekunden. Das Amazon Fire TV oder der Amazon Fire TV Stick werden nun nach der neuen Fernbedienung suchen. Sobald sie erkannt wurde, wird sie in der Liste angezeigt und kann dort ausgewählt werden. Danach ist die extra Fernbedienung sofort verwendbar.

Für das Koppeln eines Gamecontrollers geht man in ähnlicher Weise vor. Der Controller muss mit dem Amazon Fire TV oder dem Amazon Fire TV Stick kompatibel sein. Als Erstes geht man in das Menü für die Einstellungen. Dort öffnet man das Untermenü

„Gamecontroller und Bluetooth-Geräte“. Dann wählt man den Punkt „Gamecontroller“ und danach „Neuen Gamecontroller hinzufügen“. Auf dem Gamecontroller muss man nun die „Home“-Taste drücken und für mindestens 5 Sekunden gedrückt halten.

Das Amazon Fire TV oder der Amazon Fire TV Stick sucht nach dem Signal des Controllers. Sobald es erkannt ist, erscheint der Gamecontroller in der Liste. Er ist nun für die Verwendung mit dem Amazon Fire TV oder Amazon Fire TV Stick bereit.

Neben einer weiteren Fernbedienung oder einem Gamecontroller können auch andere Geräte über Bluetooth mit dem Amazon Fire TV oder dem Amazon Fire TV Stick verbunden werden. Dabei kann es sich um eine Tastatur, eine Maus oder um Kopfhörer handeln.

Vor dem Koppeln muss man jedoch sichergehen, dass das Bluetooth bei den externen Geräten aktiviert ist. Außerdem sollten sich diese nicht mehr als anderthalb Meter von dem Amazon TV oder Amazon TV Stick entfernt befinden.

Auf dem Amazon TV oder Amazon TV Stick öffnet man das Menü für die Einstellungen. Dort wählt man den Unterpunkt „Gamecontroller und Bluetooth-Geräte“ aus. In dem sich öffnenden Untermenü wählt man dann den Punkt „Andere Bluetooth-Geräte“. Es öffnen sich neue Optionen und man geht auf „Bluetooth-Geräte hinzufügen“.

Das externe Bluetooth-Gerät sollte sich jetzt im Pairing-Modus befinden. Das Amazon Fire TV oder der Amazon Fire TV Stick wird das externe Gerät erkennen und in einer Liste anzeigen. In dieser Liste wählt man das entsprechende Gerät aus. Es kann vorkommen, dass man für das Verbinden der Geräte einen Code eingeben muss. Das hängt aber von dem externen Gerät und dessen Einstellungen ab.

Soll ein gekoppeltes externes Bluetooth-Gerät wieder getrennt werden, schaltet man dieses als Erstes aus. Dann geht man auf dem Amazon TV bzw. dem Amazon TV Stick in das Menü „Einstellungen" und wählt dort den Punkt „Gamecontroller und Bluetooth-Geräte" aus. Als Nächstes wählt man „Andere Bluetooth-Geräte" und man erhält eine Liste der verbundenen Geräte. Man wählt das Gerät aus, das man trennen möchte, und wählt dann „Trennen" aus.

Solange ein externes Gerät nicht extra getrennt wurde, bleiben dessen Informationen gespeichert. So kann man das externe Gerät ausschalten und später wieder einschalten und gleich wieder verwenden.

Filme und Serien

Eine der wichtigsten Funktionen, wenn nicht sogar die wichtigste Funktion des Amazon Fire TV bzw. des Amazon Fire TV Sticks ist das Abspielen von Filmen und Serien. Diese kann man sowohl kaufen als auch ausleihen, um sie über den Amazon Fire TV oder Amazon Fire TV Stick abzuspielen.

Filme und Serien kann man sowohl von Amazon oder von anderen Anbietern erwerben und abspielen. Ein Kauf bringt den betreffenden Film oder die Serie auf die Watchlist und kann unbegrenzt angeschaut werden. Eine Ausleihe dagegen bringt den betreffenden Film oder die Serie nur für eine begrenzte Zeit auf die Watchlist. Je nach Anbieter kann der ausgeliehene Film oder die Serie dann einmal, mehrmals oder unbegrenzt oft für den bestimmten Zeitraum angeschaut werden.

Das Kaufen oder Ausleihen erfolgt über das Fire-TV-Menü. Dazu geht man in dieses Menü und öffnet den Menüpunkt „Film", wenn man einen neuen Film finden möchte, oder „Serie", wenn man eine Serie sehen möchte. Alternativ kann man auch den Punkt „Suche" verwenden, wenn man den Titel des Filmes oder der Serie kennt, den oder die man sehen möchte.

Ist eine Alexa-Sprachfernbedienung vorhanden, kann man einfach auf die Mikrofontaste drücken und, während man diese gedrückt hält, den Sprachbefehl zur Suche nach dem Titel eingeben. Natürlich kann man diese Funktion auch ohne einen speziellen Titel verwenden und Alexa eine allgemeine Suche nach Komödien, Horrorfilmen oder Ähnlichem auftragen. Die Ergebnisse einer Suchanfrage schließen sowohl Amazon Videodienste und die Ergebnisse von anderen Anbietern mit ein.

Die Ergebnisse werden in einer Liste angezeigt. Dort kann man die einzelnen Titel auswählen und erhält dann mehr Informationen über den Film oder die Serie und man sieht die Kaufoptionen. Als Erstes werden die günstigsten Optionen gezeigt. Mit der Auswahl von „Weitere Videomöglichkeiten" kann man sich auch andere Optionen anzeigen lassen. Sollte der betreffende Film oder die Serie von einem Drittanbieter stammen, so kann man diese auch über dessen App starten. Filme und Serien von Drittanbietern verlangen jedoch oft eine Anmeldung und bringen zusätzliche Gebühren.

Wenn man den gewünschten Film oder die gewünschte Serie ausgewählt hat, dann kann man entweder „Kaufen" oder „Ausleihen" auswählen. Für den Punkt „Ausleihen" wird die feste Zeitspanne für die Ausleihe angezeigt.

Ist der Kauf oder die Leihe abgeschlossen, dann kann man den Film oder die Serie über die Auswahl „Jetzt anschauen" starten. Alternativ kann man sie auch später über die Watchlist ansehen.

Wer bereits ein Mitglied von Prime Video ist, kann dessen Inhalte kostenlos anschauen. Dazu muss man nur auf das entsprechende Primesymbol achten. Ebenso lässt sich die Sprachsuche mit dem Zusatz „nur Prime" auf Prime Video beschränken.

Filme und Serien können auch einfach über die Watchlist gestartet werden. Die Watchlist ist eine Auswahl von gespeicherten Amazon Videos für ein späteres Anschauen. Die Watchlist wird von dem jeweiligen Nutzer erstellt und ist mit dem Amazonkonto verbunden.

In die Watchlist gelangt man über die Option „Watchlist" in der App von Amazon Video. Über den Computer kann man in die Watchlist über den Menüpunkt „Meine Watchlist" in „Mein Konto" gelangen.

Hat man ein Video gefunden, doch man will es nicht genau jetzt anschauen aber auch nicht später wieder vergessen, so kann man es zur Watchlist hinzufügen. Dazu geht man in die Details des gewünschten Videos. Dort befindet sich die Option „Zur Watchlist hinzufügen". Diese Option wählt man aus. Das Video wird daraufhin der Watchlist hinzugefügt. Es bleibt in dieser Liste erhalten, bis man es wieder entfernt. Auch wenn man das Video einmal angeschaut hat, wird es nicht automatisch gelöscht. So kann man es einfach immer wieder finden, wenn man es mehrmals anschauen möchte.

Handelt es sich bei dem Video um einen Film oder eine Serie, die zuerst gekauft werden muss, dann bleibt dieses Video in der Watchlist, dennoch ist es nicht zur Wiedergabe verfügbar. Dafür muss es zuerst gekauft werden. Handelt es sich bei dem Video um einen Film oder Serie, der bereits gekauft wurde, in einem Abonnement enthalten ist oder ausgeliehen wurde, dann erscheint die Option „Jetzt ansehen" auf dessen Detailseite. Mit dieser Option kann man den Film oder die Serie starten.

Videos können von der Watchlist auch wieder entfernt werden. Dazu geht man zu dem Video, das man entfernen möchte. Dort geht man auf die Details des Videos und nutzt die Option „Von Watchlist entfernen".

Games und Apps

Das Amazon Fire TV und der Amazon Fire TV Stick können auch zum Spielen von Spielen und zur Nutzung anderer Apps benutzt werden. Die Games und Apps können sowohl von Amazon als auch von Dritten angeboten werden.

Die verfügbaren Apps und Spiele findet man in dem Fire-TV-Menü und dort unter dem Punkt „Apps". Für den Kauf oder Download von Games oder Apps von Amazon muss dort die 1-Klick-Bezahlmethode aktiviert sein. Ist dies noch nicht geschehen, kann man diese Option über den Computer unter „Mein Konto" aktivieren.

In dem Menüpunkt „Apps" im Fire-TV-Menü findet man eine Liste der verfügbaren Apps. Man kann auch eine Suche starten und diese auch über einen Sprachbefehl eingeben. Dazu braucht man eine Alexa-Sprachfernbedienung. Dort drückt man die Mikrofontaste und hält diese gedrückt, während man den Suchbefehl in das Mikrofon hineinspricht. Will man die Suche ohne einen Sprachbefehl starten, geht man einfach auf das Symbol mit der Lupe.

In der Liste der verfügbaren Apps und Games geht man einfach auf die App, die man möchte. Dort öffnet sich eine Seite mit weiteren Informationen. Diese Informationen beinhalten auch eine Liste für die Kompatibilität mit dem System und den Fernbedienungen bzw. Controllern. Steht dort „Allen", dann ist die App oder das Spiel mit allen Controllern und Fernbedienungen kompatibel. Wird „Fire-TV-Fernbedienung" angezeigt, dann ist die App bzw. das Spiel nur mit der Fire-TV-Fernbedienung kompatibel, was sowohl die Amazon Fire-TV-Fernbedienung als auch die Alexa-Sprachfernbedienung einschließt.

Die Anzeige „Amazon-Fire-TV-Gamecontroller" bedeutet, dass man für dieses Spiel einen entsprechenden Gamecontroller für das Amazon Fire TV benötigt. Die Kompatibilität „Tabletspiele auf Fire TV" bedeutet, dass man hierfür mindestens einen Gamecontroller oder eine Maus benötigt. Zeigt die Kompatibilität „Fire TV Stick", dann kann die App oder das Spiel nur auf dem Amazon Fire TV Stick benutzt werden.

Ist die Entscheidung gefallen und die App oder das Spiel soll gekauft oder heruntergeladen werden, dann wählt man einfach „App beziehen" aus. Handelt es sich dabei um eine App von Amazon und muss diese bezahlt werden, dann geschieht dies über die 1-Klick-Bezahlmethode.

Nach dem Download und nach der Installation ändert sich die Auswahl. Der Punkt „App beziehen" verschwindet und dafür wird die Auswahl „Öffnen" angezeigt. Mit dieser Auswahl wird die App oder das Spiel gestartet.

Bereits installierte Spiele und Apps befinden sich in dem Menü „Meine Apps & Spiele". Will man in dieses Menü gelangen, drückt man einfach den Knopf für das Hauptmenü auf der Fernbedienung und dort sieht man den entsprechenden Punkt. Ebenso kann man das besagte Menü auch in dem Schnellzugriffmenü finden. Um in dieses zu gelangen, drückt man wiederum die Taste für das Hauptmenü und hält diese gedrückt.

In dem Menü „Meine Apps & Spiele" befindet sich eine Liste der installierten Apps und Spiele. Dort kann man mit dem Auswahlring navigieren und mit der Auswahltaste die entsprechende App oder das entsprechende Spiel auswählen. Alternativ kann man auch einen Sprachbefehl zum Start der App oder des Spieles verwenden.

Die Liste im Menü „Meine Apps & Spiele" lässt sich verwalten und die Reihenfolge der Symbole ändern. Dazu geht man einfach auf die App oder das Spiel, dessen Position in der Liste man ändern möchte. Dort öffnet man das Optionsmenü mit der „Menü"-Taste auf der Fernbedienung. Diese befindet sich unterhalb des Auswahlringes gleich rechts neben der Taste für das Hauptmenü.

In dem Optionsmenü kann man mit dem Punkt „Verschieben" die Position der App oder des Spieles innerhalb der Liste verändern. Alternativ kann man mit dem Punkt „Vorderseite" die App auf die erste Seite bringen.

Für das Verschieben der App oder des Spieles benutzt man einfach den Auswahlring. Damit kann man die App oder das Spiel in der Liste nach oben, unten, rechts oder links bewegen. Hat man die Position erreicht, in der man die App sehen möchte, dann drückt man einfach die Auswahltaste.

Manchmal kann es vorkommen, dass die automatische Anpassung des Bildschirmes des Amazon Fire TV oder des Amazon Fire TV Sticks die Ränder oder auch nur eine Seite der App oder des Spieles abschneidet. In diesem Fall kann man die Einstellungen für den Bildschirm ändern, um eine optimale Wiedergabe zu erreichen. Dazu geht man in das Menü für die Einstellungen. Dort wählt man den Punkt „Töne und Bildschirm" aus. In dem sich öffnenden Untermenü wählt man „Bildschirm" und dann als Nächstes „Bildschirm kalibrieren". Daraufhin erscheint ein Bildschirm mit 4 Pfeilen für die vier

Richtungen, in denen der Bildschirm bewegt werden kann. Mit der Auswahl „Hoch" und „Runter" stellt man den Bildschirm so ein, dass alle Pfeile komplett sichtbar sind und den unteren Rand des Bildschirmes berühren.

Für den Fire TV Stick mit der Alexa-Sprachfernbedienung gibt es einige weitere Optionen, mit denen der Bildschirm eingestellt werden kann. Das geht von der Zoomstufe über das Seitenverhältnis bis zum Verzerren des Bildes.

Für Games hält Amazon einen weiteren Service bereit. Dieser Service hat den Namen GameCircle. Dabei handelt es sich um eine Cloud, in der alle Spielergebnisse gespeichert werden. Damit kann man sich mit seinen Freunden messen.

Die installierten Apps und Spiele lassen sich auch wieder deinstallieren. Dazu geht man in das Menü für die Einstellungen. Dort wählt man „Anwendungen" und als Nächstes „Installierte Apps verwalten" aus. In der sich öffnenden Liste geht man mit dem Auswahlring einfach auf die App, die man deinstallieren möchte. Dort wählt man in dem Optionsmenü den Punkt „Deinstallieren" aus. Danach kann es, je nach App oder Spiel, vorkommen, dass man noch einigen Anweisungen folgen muss. Ist das erledigt, dann startet der Deinstallationsvorgang. Dieser kann je nach App oder Spiel zwischen einigen Sekunden und einigen Minuten in Anspruch nehmen. Bei der Deinstallation können individuelle Einstellungen und Spielstände verloren gehen.

Einige Apps und Spiele verfügen nicht über die Option zum Deinstallieren. Dabei handelt es sich um werkseitig vorinstallierte

Software. Diese kann man jedoch stoppen, ihre Updates deinstallieren und sie in der Liste der Spiele und Apps nach hinten verschieben.

Deinstallierte Spiele und Apps können auch wieder erneut installiert werden. Stammen diese von Amazon, dann sind sie dort in dem jeweiligen Amazonkonto gespeichert. Man braucht nur in dieses Konto und dort auf die entsprechende App oder das entsprechende Spiel zu gehen, und die Option „Installieren" auszuwählen. Schon wird die App oder das Spiel erneut installiert. Wurden Spielstände in der Cloud gespeichert, so werden diese automatisch wiederhergestellt.

Updates

Das Amazon Fire TV und der Amazon Fire TV Stick hängen in ihrer Funktionalität von der geladenen Software ab. Diese Software wird von den jeweiligen Anbietern beständig aktualisiert und neue Updates werden zur Verfügung gestellt. Um auch weiterhin das Beste aus dem jeweiligen Gerät herauszuholen, empfiehlt es sich, die Software immer auf dem neuesten Stand zu halten, sprich, Updates durchzuführen.

Neue Softwareupdates werden von dem Amazon Fire TV und dem Amazon Fire TV Stick automatisch erkannt, sobald diese verfügbar sind. Solange die originalen Einstellungen nicht geändert wurden, werden die neuen Updates automatisch heruntergeladen, sobald eine Verbindung zum Internet hergestellt ist. Das geschieht selbst dann, wenn sich das Gerät im Ruhemodus befindet. Wer kein automatisches Updaten der Software wünscht, kann diese Option in den Einstellungen ausschalten. Dann müssen die einzelnen Updates manuell ausgeführt werden.

Die Updates, insbesondere die Updates der Gerätesoftware, sind kostenlos. Informationen zu den einzelnen Updates können über das Updatemenü angezeigt werden. Dort kann man die Liste der verfügbaren Updates einsehen und zu jedem Update eine Informationsseite aufrufen.

Updates bringen normalerweise eine verbesserte Funktionalität der Gerätesoftware und der Software von Drittanbietern. Dazu gehört das Erweitern von Angeboten, die Verbesserung von Sprachsuchen oder allgemein von Suchen und auch die Möglichkeit, mehrere und andere

Geräte anzubinden. Ebenso erhöhen die Updates die Sicherheit des Gerätes. Immerhin gibt man, zumindest bei der Verwendung von Apps von Drittanbietern, auch seine Zahlungsinformationen über das Amazon Fire TV oder den Amazon Fire TV Stick ein.

In einem anderen Land

Einmal gekauft und an das Gerät gewöhnt, möchte der eine oder andere es nicht vermissen, wenn er oder sie ins Ausland zieht oder eine Reise in das Ausland unternehmen will. Die Mitnahme des Amazon Fire TV oder des Amazon Fire TV Sticks stellt kein Problem dar, solange man der Umzug oder die Reise in eines der unterstützten Länder geht. Dazu zählen die USA, Großbritannien, Deutschland (für österreichische Kunden) und Österreich (für deutsche Kunden). Eine Mitnahme ist außerdem nach Japan möglich und darüber hinaus, sofern man über den Fire TV Stick mit Alexa-Sprachfernbedienung verfügt, auch nach Indien.

Soll das Gerät in dem neuen Land funktionieren, muss dort die Einstellung der Länder verändert werden. In den unterstützten Ländern ist eine Wiedergabe von Amazon Videos möglich, doch dies gilt nur für die dort getätigten Einkäufe bzw. Ausleihen. Alle Einkäufe bzw. Ausleihen, die vor der Änderung der Ländereinstellung gemacht wurden, sind nicht mehr verfügbar. Die Einkäufe, nicht die Ausleihen, sind jedoch wieder verfügbar, sobald man die Ländereinstellungen auf den alten Wert zurücksetzt. Ebenso können einige Apps von Drittanbietern in dem anderen Land eine eingeschränkte Funktionalität aufweisen.

Um die Ländereinstellungen zu ändern, geht man auf den Menüpunkt „Meine Inhalte und Geräte". Dort öffnet man die Einstellungen. In der sich öffnenden Liste wählt man „Ländereinstellungen" und dann die Option „Ändern" aus. Als Nächstes gibt man das Land ein, in welchem man sich befindet. Dann muss noch die neue Adresse hinzugefügt werden und dann wählt man „Aktualisieren".

Nach der Änderung und der Aktualisierung erhält man eine Benachrichtigung. Verfügt man über ein Kindle-Konto und möchte man dieses verwenden, dann wählt man in der Nachricht die Option „Mehr" aus. In dem sich öffnenden Untermenü geht man auf „Übertragen Ihres Kindle-Kontos" und danach auf „Aktualisieren Sie Ihren voreingestellten Kindle-Shop". Im nächsten Schritt geht man über das Fire-TV-Menü auf den Punkt „Startseite". Dann wählt man das Menü „Einstellungen" und danach „Mein Konto". In diesem Menü wählt man „Abmelden". Sofort nach dem Abmelden kommt eine Aufforderung, sich wieder anzumelden. Dieser Aufforderung kommt man nach und registriert sein Fire TV oder seinen Fire TV Stick erneut in dem unterstützten Land.

Geht die Reise oder der Umzug in ein anderes, nicht unterstütztes Land, so wird das Amazon Fire TV bzw. der Amazon Fire TV Stick dort nicht funktionieren. Auch in den unterstützen Ländern können die Inhalte des Gerätes und seine Funktion je nach Land und Region verschieden sein. Besonders beziehen sich die Inhalte auf Apps, Serien, Filme und Musik nur auf die regional verfügbaren Angebote.

Für Amazon-Prime-Mitglieder gibt es eine besondere Option. Sie können ohne eine Änderung der Ländereinstellungen Originale von Amazon auch im Ausland streamen. Die Listen für die „Filme" und „Serien" erhalten dann eine neue Option. Dazu geht man nur auf „Im Ausland ansehen".

Hilfe bei Problemen

Wie bei jedem Gerät können auch bei der Benutzung des Amazon Fire TV oder des Amazon Fire TV Sticks manchmal Probleme auftreten. Oftmals sind die Lösungen dafür jedoch sehr einfach und bedürfen keines Anrufes beim Kundendienst. Hier sind einige Standardprobleme aufgeführt plus die üblichen Lösungen dazu.

Sollte es beim Start des Gerätes zu einem leeren Bildschirm kommen, sollten Apps Fehler aufweisen oder es Probleme mit dem Ton oder der Wiedergabe des Bildes geben, hilft oftmals ein einfacher Neustart des Gerätes. Dazu trennt man das Stromkabel entweder von der Steckdose oder von dem Gerät, wartet einige Sekunden und schließt es wieder an.

Ein anderer Weg, einen Neustart durchzuführen, funktioniert über die Fernbedienung. Dort drückt man einfach die Auswahltasten in der Mitte des Auswahlringes zugleich mit der Taste für die Wiedergabe und hält beide für fünf Sekunden gedrückt. Das Gerät beginnt dann automatisch mit einem Neustart.

Alternativ kann man dem Gerät den Neustart auch über das Menü befehlen. Dazu geht man in das Menü für die Einstellungen. Dort wählt man den Punkt „Gerät" und als Nächstes die Option „Neu starten".

Der Neustart des Gerätes wird einige Sekunden bzw. Minuten in Anspruch nehmen. Danach sollten die Probleme nicht erneut auftreten. Sollte das Problem nicht behoben sein, folgen hier einige spezielle Lösungsmöglichkeiten.

Keine WLAN-Verbindung

Manchmal gibt es ein Problem beim Herstellen einer Verbindung zum WLAN. Dieses Problem kann verschiedene Ursachen haben. Die häufigste Ursache jedoch ist ein falsches Passwort. Es sollte beachtet werden, dass das Passwort für Amazon nicht das Passwort für das WLAN ist. Amazon kennt das Passwort für das WLAN nicht. Bei der Eingabe des Passwortes ist unbedingt darauf zu achten, Sonderzeichen, Leerstellen, Groß- und Kleinbuchstaben korrekt einzugeben. Auch nur ein Fehler dabei bedeutet, dass das Passwort nicht erkannt wird.

Mitunter besteht eine Verbindung zum WLAN, aber es besteht keine Verbindung zum Internet. Will man sichergehen, ob die fehlende Verbindung einfach nur an dem Internetzugang liegt, kann man das entsprechende Tool auf dem Amazon Fire TV oder dem Amazon Fire TV Stick verwenden. Dieses Tool kann den Status der Internetverbindung anzeigen. Dazu geht man einfach in das Menü für die Einstellungen und dort auf den Punkt „Netzwerk" und drückt dann auf der Fernbedienung die Taste für die Wiedergabe. Das Tool wird jetzt zwei Dinge überprüfen. Zuerst checkt es, ob eine Verbindung zu einem Netzwerk besteht und ob dieses Netzwerk wiederum mit dem Internet verbunden ist. Alle Probleme, die hinsichtlich des Internets und der Verbindung bestehen, werden angezeigt und es werden bestimmte Lösungen dafür vorgeschlagen.

Der Standort des Gerätes kann mitunter für die Verbindung bzw. deren Qualität sehr entscheidend sein. Bestimmte Objekte können die WLAN-Signale blockieren. Dazu gehören Schränke oder auch ein Heim-Entertainment-System. Damit es zu keiner Störung kommt, sollte das Gerät nicht zu dicht neben diesen Objekten platziert werden. Selbst das Fernsehgerät kann Störungen verursachen. Aus diesem Grund empfiehlt es sich auch, für einen Amazon Fire TV Stick das Verlängerungskabel zu benutzen.

Neben einem Neustart des Amazon Fire TV oder Amazon Fire TV Stick sollte auch ein Neustart des Routers oder Modems versucht werden. Dazu zieht man das Netzteil des Routers oder Modems aus der Steckdose und belässt es außerhalb für mindestens 30 Sekunden. Sollte beides, ein Modem und ein Router verwendet werden, sollte der Neustart in einer bestimmten Reihenfolge vorgenommen werden. Es empfiehlt sich, zuerst das Modem einzustecken und erst einige Sekunden später den Router. Sobald das Modem bzw. der Router oder gegebenenfalls beide Geräte wieder gestartet sind, kann das Amazon Fire TV oder der Amazon Fire TV Stick eine erneute Suche nach dem Netzwerk durchführen.

<u>Das Gerät reagiert oder startet nicht</u>

Es kann vorkommen, dass das Amazon Fire TV eingefroren ist, d. h., nicht mehr auf Eingaben reagiert. Für dieses Problem gibt es verschiedene Möglichkeiten, um es zu lösen.

Erscheint die Wiedergabe oder die Anzeige des Amazon Fire TV oder des Amazon Fire TV Sticks normal und das Gerät reagiert dennoch nicht auf Eingaben, dann sollte man zuerst die Fernbedienung bzw. den Controller erneut koppeln. Dazu entnimmt man die Batterien aus der Fernbedienung bzw. dem Controller. Nach einigen Sekunden legt man die Batterien erneut ein. Dabei sollte man unbedingt sicherstellen, dass die Plus- und Minusmarkierungen auf den Batterien mit den Plus- und Minusmarkierungen des Batteriefaches übereinstimmen.

Nach dem Einlegen der Batterien sollte die Fernbedienung oder der Controller sofort versuchen, eine Verbindung mit dem Amazon Fire TV bzw. Fire TV Stick aufzubauen. Dazu muss das Gerät jedoch eingeschaltet sein. Sollte keine Verbindung hergestellt werden, empfiehlt sich ein Neustart des Amazon Fire TV oder Amazon Fire TV Sticks.

Nach einem Neustart des Gerätes startet man den Koppelungsmodus manuell. Dazu drückt man auf die Taste für das Hauptmenü, die sich in der Mitte direkt unter dem Auswahlring befindet, für 10 Sekunden. Dann sollte der Koppelungsmodus starten. Dieser braucht mitunter bis zu einer Minute, um abgeschlossen zu sein. Sobald die Koppelung erfolgreich durchgeführt wurde, wird eine entsprechende Mitteilung auf dem Bildschirm angezeigt.

Tritt das Problem bei der Ersteinrichtung auf, dann kann es dafür zwei Gründe geben. Der erste Grund ist, dass das Amazon Fire TV bzw. der Amazon Fire TV Stick damit beschäftigt ist, verschiedene Updates durchzuführen. Das erkennt man daran, dass das Fire-TV-Logo für einen längeren Zeitraum angezeigt wird. In diesem Fall sollte man bis zu 10 Minuten warten, damit das Gerät genug Zeit hat, die Updates zu beenden. Der andere Grund kann sein, dass nicht das mitgelieferte Netzteil verwendet wird. Bei der Verwendung eines anderen Netzteils besteht die Gefahr, dass das Amazon TV bzw. der Amazon TV Stick nicht richtig funktioniert, weil ein anderes Netzteil eventuell nicht genügend Leistung liefert. Es sollte also immer das mitgelieferte Netzteil verwendet werden.

<u>Nur ein leerer Bildschirm</u>

Sollte der Bildschirm schwarz oder einfach nur leer sein, gibt es auch hierfür mehrere Lösungsmöglichkeiten.

Als Erstes sollte sichergestellt werden, dass der Fernseher auf den richtigen Kanal gestellt ist. Die Verbindung zwischen dem Amazon Fire TV bzw. Amazon Fire TV Stick erfolgt über den HDMI-Eingang. Davon hat ein HD-Fernseher gewöhnlich Mehrere. Man sollte also zuerst in der Liste der Anschlüsse alle HDMI-Anschlüsse durchprobieren. Ebenfalls dauert das Umstellen von einem Anschluss zum Nächsten mitunter mehrere Sekunden. Daher sollte mit jedem Kanal dem Fernseher etwas Zeit gegeben werden, das entsprechende Bild auch anzuzeigen.

Manchmal ist die Steckverbindung nicht richtig hergestellt. Daher zieht man das Amazon Fire TV oder den Amazon Fire TV Stick einfach aus dem Port und verbindet ihn erneut. Sollte dies keinen Erfolg zeigen, dann sollte man es mit einem anderen HDMI-Port versuchen.

Ist mehr als nur ein Gerät über die HDMI-Ports mit dem Fernseher verbunden, sollte man die anderen Geräte für einen Moment von dem Fernseher trennen. So kann der Fernseher alle Geräte einzeln neu erkennen.

Mitunter kann es nötig sein, die Einstellungen für die Bildwiedergabe zu ändern. Ebenso kann man den Amazon Fire TV bzw.

den Amazon Fire TV Stick einen Test durchführen lassen. Dafür drückt man die Tasten „Hoch" und „Zurückspulen" zur gleichen Zeit und hält sie für 5 Sekunden gedrückt. Für die folgenden 10 Sekunden führt das Gerät einen Test der verfügbaren Auflösungen durch und passt sich diesen an. Sobald dies geschehen ist, erscheint ein Bildschirm. Auf diesem wählt man die Option „Aktuelle Auflösung verwenden".

Sollte bei der Wiedergabe unterschiedlicher Filme deren Auflösung unterschiedlich sein, kann es vorkommen, dass der Bildschirm kurz flackert oder schwarz wird. In diesem Fall schaltet das Amazon Fire TV bzw. der Amazon Fire TV Stick einfach auf die andere Auflösung um. Das Bild sollte nach ungefähr 5 Sekunden wieder normal werden.

<u>Inhalte können nicht gekauft werden</u>

Sollte es beim Einkauf von Inhalten auf Amazon, seien es Amazon Videos oder Apps bzw. Spiele im Amazon Appstore, zu Problemen kommen, kann dies an nur zwei Ursachen liegen. Entweder ist keine Internetverbindung vorhanden oder die Bezahloptionen sind nicht richtig gesetzt.

Als Erstes sollte festgestellt werden, ob eine Verbindung zu einem Netzwerk und eine Verbindung des Netzwerkes zum Internet bestehen. Dazu geht man in das Menü für die Einstellungen und wählt dort den Punkt „Netzwerke" aus. Dort befindet sich ein Tool, welches die Verbindungen überprüft. Im ersten Schritt wird das Tool feststellen, ob eine Verbindung zu einem Netzwerk besteht. Im nächsten Schritt wird es feststellen, ob das Netzwerk selbst eine Verbindung zum

Internet hat. Dabei werden alle Probleme mit diesen Verbindungen festgestellt. Die Probleme werden auf dem Bildschirm angezeigt und Vorschläge zu deren Behebung gemacht.

Das andere Problem kann die falsche Bezahlmethode sein. Um Bestellungen, auch von Videos und Musik, auf Amazon durchführen zu können, muss dort die 1-Klick-Bezahlmethode ausgewählt sein. Um diese zu aktivieren, geht man mit dem Computer auf die Amazon-Webseiten. Dort geht man auf „Mein Konto" und aktiviert die Option „1-Klick-Bezahlen". Es kann sein, dass man dafür einen Verifizierungscode verwenden oder noch einmal seine Zahlungsinformationen eingeben muss.

Probleme mit einer App

Auf dem Amazon Fire TV oder Amazon Fire TV Stick können die Apps von Drittanbietern verwendet werden. Diese Apps können natürlich auch Probleme verursachen. In einem solchen Fall gibt es ein paar einfache Methoden, um diese Probleme zu beheben. Dazu gehört das Löschen von Daten, das Ändern von Einstellungen, das Verschieben auf einen anderen Speicherort, ein erzwungener Stopp oder eine Neuinstallation der App.

Für alle Schritte muss man zuerst in das Menü „Einstellungen", dann „Anwendungen" und danach auf „Installierte Apps verwalten" gehen. Dann wählt man die App, die Probleme verursacht, aus, und versucht eine Lösung.

Die einfachste Lösungsvariante ist das Löschen von gespeicherten Dateien. Jede App sammelt über ihre Existenz hinweg

Daten an und in diese Daten können sich Fehler einschleichen, die dann Probleme für die Funktionalität der App mit sich bringen. Um die Daten zu löschen, geht man in dem beschriebenen Menü einfach auf den Punkt „Daten löschen". Das löscht nicht die App selbst, sondern die gesammelten Daten. Der Vorgang kann einige Sekunden in Anspruch nehmen.

Ein weiterer sehr einfacher Schritt ist das Ändern der Einstellungen in der App. Jede App verfügt dazu über ein eigenes Menü. Dort kann man sie an die Erfordernisse des Gerätes anpassen.

Hat sich das Löschen der Daten bzw. das Ändern der Einstellungen nicht bewährt, dann kann man die App zwischen dem internen und dem externen Speicher verschieben. Dies geschieht im gleichen Menü, in welchem man die Daten der App löschen kann. Anstatt jedoch die Daten zu löschen, geht man einfach auf den Punkt „In den externen Speicher verschieben" bzw. „In den internen Speicher verschieben".

Ist auch ein Verschieben der App erfolglos, kann man deren Stopp erzwingen. Nach einem Neustart sollte die App wieder einwandfrei funktionieren. Den Stopp erzwingt man mit dem Punkt „Stopp erzwingen" im gleichen Menü, in welchem man die Daten löschen bzw. die App verschieben kann.

Ist auch ein erzwungener Stopp erfolglos, dann ging wahrscheinlich zuvor etwas mit einem der Updates schief. In einem solchen Fall wählt man im gleichen Menü, in dem man die App verschieben, ihre Daten löschen oder ihren Stopp erzwingen kann, den Punkt „Deinstallieren". Nach der Deinstallation geht man wieder in den

Appstore, in welchem man die App erworben hat, und lädt sie erneut herunter und installiert sie anschließend.

Tonprobleme

Sollte der Ton einmal Schwierigkeiten machen bzw. kein Ton wiedergegeben werden, sollte man sich zuerst vergewissern, dass der Fernseher nicht auf stumm geschaltet und die Lautstärke groß genug ist. Ist das Amazon Fire TV oder der Amazon Fire TV Stick mit einem AV-Receiver verbunden, dann sollte man überprüfen, ob dieser eingeschaltet ist.

Der nächste Schritt ist es, die Einstellungen des Tons im Fire TV-Menü zu ändern. Dazu geht man in das Menü „Einstellungen", danach in „Töne und Bildschirm", dann in „Audio" und dort stellt man Dolby Digital Plus auf „Aus".

Es kann auch sein, dass das HDMI-Kabel nicht richtig eingesteckt ist. Daher zieht man das Kabel einmal heraus und steckt es dann erneut ein. Vielleicht muss man auch das HDMI-Kabel wechseln oder einen anderen HDMI-Eingang am Fernseher verwenden.

PIN vergessen

Bei der Verwendung einer Kindersicherung für den Amazon Fire TV bzw. Amazon Fire TV Stick muss man einen Code eingeben. Sollte man diesen Code vergessen haben, dann kann man mit dem Computer auf die Amazon-Webseite gehen. Dort geht man auf dem Punkt „Amazon Video - unterstützte Geräte". Das Amazon TV bzw. der

Amazon TV Stick sollte in der sich dann öffnenden Liste enthalten sein. Man wählt das Gerät aus und setzt es zurück. Dann geht man auf den Punkt „Kindersicherung" und gibt eine neue PIN ein. Als Letztes klickt man auf „PIN ändern". Schon kann man das Amazon Fire TV bzw. den Amazon Fire TV Stick mit dem neuen Pin entsperren.